Agradecimentos:

Escrever foi algo que sempre me deu prazer, e eu agradeço ás professoras que me ajudaram a descobrir esse dom muito legal, e me mostraram que posso fazer tudo que eu quiser, desde que me esforce para isso, agradeço a meus amigos que me incentivam muito a escrever, á ler, á ter uma vida social, e sou muito grato aos leitores que tiram um pouquinho de seu valioso tempo para ler tudo que escrevo, um escritor precisa de leitores assim como precisa de ar para viver, sou um privilegiado por ter todos vocês na minha vida, são minha verdadeira fonte de inspiração!

Dedicatória:

Dedico essa obra á todos meus professores de história, sem eles não teria tanta curiosidade em estudar e tentar tomar conhecimento dos fatos fatídicos de nossa tragicômica passagem por esse planeta terra, e essa existência da qual apelidamos carinhosamente de vida!

P. s. Não se ofendam com o que vão ler, levem na esportiva!

Análises políticas tiradas do sovaco

"Todas as imagens usadas nessa obra e algumas informações foram retiradas da internet e são de domínio público" ...

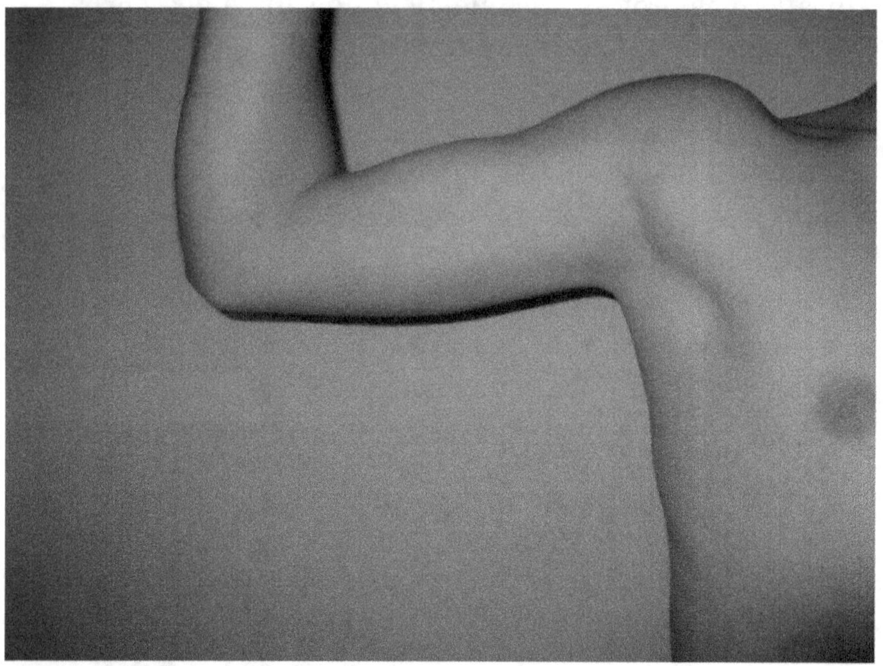

"A política é o ópio do povo" Anarquizo de Souza

Análises políticas tiradas do sovaco, são um resumo de um ponto de vista, extremante informal de um escritor que vive há 37 anos nesse mundo real, seu ponto de vista histórico, onde podemos verificar que esse assunto é muito importante, e merece ser contado não só de forma científica, mas também de maneira coloquial, de forma lúdica, se trata de um apanhado histórico de como a política moldou a religião e transformou meros catadores de coquinhos em seres sociais, esse assunto é tão importante que as pessoas até hoje lançam tabus do tipo, "Futebol, política e religião não se discutem", na verdade não é que seja proibido discutir política, as pessoas é que não sabem discutir política, todo debate sempre é levado de forma infante e totalmente descontrolado, com cunho emocional extremo e desnecessário, tanto que um simples bate papo pode se tornar uma terceira guerra mundial, ou uma briga de torcidas organizadas, partidos políticos são mais parecidos com facções rivais, e o show de infantilidade começa! O meu partido ganhou! Seu partido perdeu! Xingamentos e outras acusações sem sentido são o tempero da guerra acéfala que tange todo esse assunto tão importante e tão sensível...

A guerra está declarada, quem vai vencer? Como diz uma poeta: - "Ninguém vai ganhar e ninguém vai perder, no final todo mundo vai perder" ...

Tudo é questão de hegemonia, de permanência no poder, tudo é questão de derrotar o adversário, dominar, dividir e conquistar, o bem comum as vezes fica de lado, o governar pra todos faz você ver que a frase _"Você não é todo mundo"_ muitas vezes proferida por sua mãe, é uma frase extremamente verdadeira, o processo é sempre muito rápido e o ser humano precisou se adaptar muito velozmente a essa tal de democracia, nem o berço de nossa "democracia" foi bem sucedido com ela, pobre rica Roma...

República, império, república...

Ascenção, declínio e queda...

Mas também existe o fato de simplesmente não querermos amadurecer, cada um agindo como um menino birrento berrando para o seu lado, um monte de gado acompanhando uma boiada que vai para lugar nenhum, o cabo eleitoral, ele quer que o seu candidato vença, não importa se o camarada é bandido, até porque o roubo impetrado por seu candidato o beneficia pessoalmente, um cargo comissionado aqui, uma graninha fácil ali, um desvio de verbas maroto acolá...

Bom, se você conseguiu ler até aqui eu te convido a destrinchar esse assunto tão polêmico comigo, durante as páginas desse livro, nas linhas que escrevo sobre o meu ponto de vista global da política e sua influência na sociedade, como a humanidade caminha nesse sentido, como estamos amadurecendo o conceito de democracia, o homem é um ser político, sua vida, seus atos, são políticos, e como a política é aplicada durante os tempos, dos antigos ao atual....

Prefácio:

O ser humano é naturalmente político, desde que foram
expulsos do paraíso, (Para as pessoas que acreditam na
história de Eva e Adão), indo para os tempos que viviam
vagando de lugar para lugar em busca de alimento, uma
vida nômade, mas com regras, eles se reuniam e
decidiam se iam ou ficavam, o alimento acabou, vamos
embora, mas para onde ir? Norte, Sul, leste ou Oeste?
Tudo era votado e decidido em plenária com os mais
velhos, a caravana sempre seguia na mesma ordem: Os
anciãos sempre na frente, mulheres e crianças depois, e
os mais fortes na proteção daquela trupe que evoluiu e
hoje possui vários nomes, dentre eles: Cidade, bairro,
comunidade, família, patriarcado, religião, clube de
futebol, o mundo...

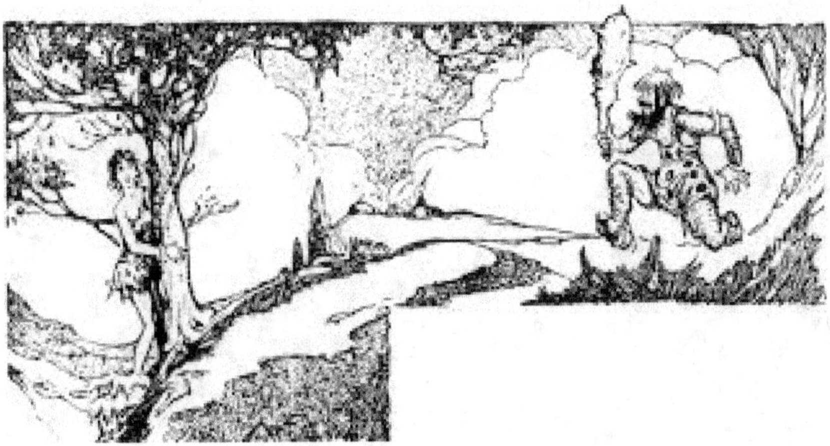

Os nômades eram organizados, e sabiam bem planejar
como se locomover, onde descansar, como economizar
energia nas grandes andanças, como explorar territórios
desconhecidos, e tinham um respeito imenso pelos mais

velhos, afinal de contas, os mais velhos eram sobreviventes em ambiente completamente inóspito e cheio de ameaças, a raça humana precisava mais do que tudo se proteger, e fazer com que os mais novos aprendam tudo para sobreviver e manter a raça viva, era o papel dos anciãos, os primeiros professores da história.

O homem desde sempre precisou trabalhar para conseguir o alimento e viver de seu suor, viver em comunidade, com uma esposa pra mandar ele trabalhar e filhos para cobrar dele que, trabalhe muito, não se canse, e tenha energia para levar ele para o judô, sozinho o ser humano é vulnerável e fraco, o homem é um ser político por natureza, porque sente a necessidade de se alimentar, socializar, ele sabe que não é o animal mais forte da natureza, então se une a outros para se proteger, para obter melhores resultados nas caçadas, a vida em comunidade é importante porque sem ela ele estaria vulnerável a muitos inimigos que estão à espreita...

1. Tá pegando fogo bicho!

O homem mudou definitivamente seus modos e costumes alimentares depois de descobrir o fogo, essa invenção maravilhosa! O fogo que o ajudou a ferver o leite e organizar aquele churrascão de final de semana com a turma, e ainda descolar mais uma atividade física! Com a caça, a organização social começou a ser melhor dividida no grupo, alguns vão à caça, outros preparam o alimento, retirando as vísceras e deixando o alimento pronto para o consumo, e outros são os churrasqueiros, muitas questões vieram ao debate no grupo, como fazer com que a caça demore para apodrecer?

Como preservar a carne por mais tempo? Alguém primeiro deixou a caça no sol pra secar, o que foi uma estratégia muito boa, depois veio o sal, que era tão raro, que o pagamento das profissões mais importantes era feito com ele, o sal era uma especiaria, tanto que o salário dos militares se chama até hoje de Soldo e isso é que lógico vem do sal, enfim, com o fogo o homem pode comer aquele churras quentinho, se proteger de animais perigosos, se aquecer no frio da noite, e infernizar a vida dos outros, porque agora, se um vizinho encher o saco, o cara vai lá e tocava fogo na caverna alheia...

O fogo foi um divisor de águas na história da humanidade, o homem se tornou mais forte, porque agora comia comida de gente grande! A carne trouxe as vitaminas e a sustância que o homem precisava para trabalhar, correr, caçar, e pescar, então foram fabricadas armas para facilitar esse trabalho, arco e flecha, lanças e por aí vai, existiam várias espécies humanas, mas o Homo Sapiens ganhou a parada por excesso de proteínas...

Com o fogo o homem pode ir buscar por alimento e abrigo cada vez mais cedo e mais longe, sem tanto medo dos outros animais selvagens, ele pode ir em busca de seu alimento cada vez em horários mais diurnos, quando o sol ainda estava dormindo, e conseguiu ser bem mais produtivo, ir cada vez mais longe, explorar lugares cada vez mais fechados, estocar comida agora era uma realidade, o fogo aqueceu a chama do progresso no coração neandertal do ser humano...

Homens, peguem suas armas!

O metal também foi uma descoberta incrível na condução política da humanidade, as armas em si foram um fator decisivo nessa questão filosófica, pois, sobreviveu somente aqueles que conseguiam dominar tais tecnologias, e o fogo ajudou bastante nisso pois ele é responsável direto pela forja das armas, as pontas de lanças, as flechas, não bastava mais a pedra ser lascada, o clã inimigo tem pedra polida, mas quem disse que a pedra polida é um perigo, a tribo do sul tem ferro...

Saudades de quando só as pedras eram lascadas...

Roda a roda!

A mobilidade era e sempre foi um dos problemas mais difíceis de se resolver na história da humanidade, primeiro: Como percorrer grandes distâncias a pé e chegar ao destino desejado com energia pra caçar, plantar, pescar, e ainda dar uns tratos na patroa?

Então um australopiteco viu que, uma circunferência poderia ser uma mão na roda! E catapimba! Eis que o homem inventou a roda, com certeza uma coisa bastante engenhosa, uma das maiores invenções da história.

Com a roda, agora eles poderiam carregar tudo pra onde quisessem, era só jogar tudo na carroça, que ele mesmo puxava, e depois da domesticação de alguns animais selvagens, a tração animal veio, e outros animais acabaram o substituindo nesse serviço, facilitando a vida de nossos amigos roceiros pré - históricos, a roda foi um marco na evolução humana, pois facilitou o trabalho no campo, facilitou o transporte de especiarias, e de muitos outros trecos, inclusive da sogra, a era moderna teve seu início, que lindo! Porque com a roda o homem gerou energia, pode levar água para lugares onde não eram seu percurso natural, ele começou a transformar a natureza, e a moldar de acordo com as suas necessidades...

Mãe, posso levar esse bichinho pra casa?

A domesticação de alguns animais também foi muito importante no desenvolvimento político do ser humano, os animais eram fundamentais na agricultura, no transporte, e no carinho maroto quando o dono recebia quando chegava em casa, depois de um dia sobrecarregado, muitos animais ferozes se acostumaram com o convívio humano, e se tornaram dóceis e fiéis amigos desses famigerados seres moribundos que vagueiam por essa terra de palmeiras onde canta os sabiás....

Plantou tá novo

A política humana pode se dizer que começou a ser pensada melhor depois da descoberta da agricultura, a partir desse ponto, o Homo Sapiens decidiu fixar residência, um ato revolucionário, porque, até então vivia bolando de um lado pro outro, um cara percebeu que, se ele plantar as sementes em um lugar, ele não ia precisar se matar de caminhar até encontrar um lugar cheio daquilo, e que, os frutos tem tempos diferentes de nascer, sendo que, se plantar no período certo, ele vai ter comida o tempo todo, então foram pra perto da água, claro, tem que aguar as prantinhas, nessa brincadeira o homem nômade se torna um ser de residência fixa, começando assim as cidades, comunidades, estados, camponeses, caçadores, plantadores, eis que surge uma nova dádiva na sociedade, o homem finalmente aquietou o facho, e vê que precisa cuidar de seu lar, de seus descendentes e de sua companheira, começou a ter senso de responsabilidade, ele além de tudo precisava de um lar, trabalhar para o sustentar, e uma fé, com tudo isso vieram sentimentos que não conhecia, o de posse, de pátria, de proteção, o fogo foi fundamental para tais conquistas, quem não quer chegar em casa depois de um dia horrível de trabalho e ter um ensopado quentinho te esperando? Manga com leite, carne cozida, assada, qual foi a reação da pessoa que inventou a pipoca?

Ver aquele milho explodindo sem saber se dava pra comer aquilo...

Afinal de contas tudo novo é novidade...

Dividir para conquistar

O gramado do vizinho é sempre mais verde, e com isso, muitos começaram a invadir os territórios dos outros, tinham armas, e com isso as divisões, as fronteiras, a política chegou finalmente á era moderna, a era das conquistas!

A luta não era só pelas terras, era pela mulher e os animais do outro, o ser humano nunca se contentou com suas próprias conquistas, tinha que ir lá tomar a dos outros, praticamente a guerra pela sobrevivência havia tomado outro patamar, o da violência entre iguais...

O ser humano é estrategista por natureza, e como ele sabe que é mais forte com aliados, sua melhor forma de vencer um adversário é justamente fazendo com que eles briguem entre si, jogando uma intriga aqui, outra ali, é impressionante como os efeitos são avassaladores e o camarada que trama consegue vencer assim seus inimigos e conquistar aquilo que deseja, porque sujar as mãos se ele podia fazer com o mecanismo se destruísse de dentro para fora? O estrategista é astuto, é sorrateiro, é frio e calculista, mas até mesmo o ser mais astuto, para permanecer nesse topo autárquico ele precisa de apoiadores, então faz alianças com pessoas que pensam igual a ele, e que tenham menos ambições, para não ambicionar seu cargo, foi aí que surgiram os malditos partidos políticos...

2. Religião

A religião com certeza é a instituição social mais influente na história da humanidade, a religião é o alicerce de toda a organização social inerente ás atividades humanas, comunidades, cidades, países foram formados em torno de igrejas, o medo do que vem no além morte fez com que o homem virasse seu foco para o céu, o clero foi o estado por muitos anos, suas regras forjaram as leis, e a organização patriarcal toda fora ditada por eles, não que seja ruim, não que seja bom, na verdade o homem nunca foi muito fã de liberdade, sempre se amarrou em regras para poder se manter na linha, a religião meio que deu isso para ele, uma regra de conduta, leis, então aquele ser que só caçava, comia e se acasalava, agora tinha a ética, a filosofia, as ciências, a tecnologia, um casamento e uma sogra muito chata pegando no seu pé e o chamando de vagabundo, a religião começou praticamente junto com a humanidade, eu não sei muito sobre religião, mas vamos lá tentar fazer um resumo sobre o parco conhecimento que tenho sobre esse assunto de inestimável valor...

Que dia é hoje?

Medir o tempo sempre foi uma necessidade, como sei se o que estou fazendo terminará em tempo? Será que é o tempo de chuvas? O calendário com certeza foi uma ferramenta bastante útil na vida humana, e houveram muitos, cada cultura tinha o seu, e era exclusivamente baseado na religião, a religião pautava o que era politicamente correto, sacrifícios humanos, oferendas diversas, danças exóticas, todo tipo de ritual era feito com o objetivo de fazer média com o sobrenatural, as vezes, o homem se valia até de produtos alucinógenos para atingir um estado que eles julgavam sagrado, o medo da morte, a incerteza do que viria depois do véu da mortalidade fez com que a humanidade caminhasse por caminhos que beiram a insanidade mental, em busca de um propósito, em busca de sentido, não éramos mais animais vagantes, éramos animais sentimentais, que se apegam facilmente, ao que desperta nosso desejo...

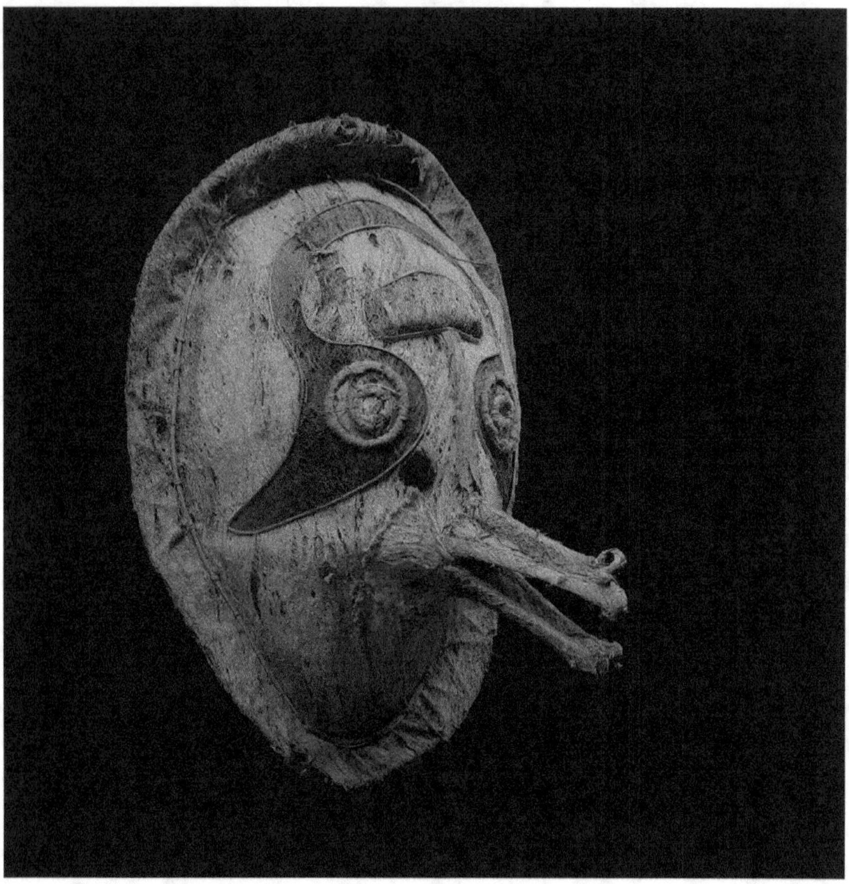

Os Deuses estão furiosos com você

O politeísmo com certeza foi a base da religião humana, o homem precisava de uma forcinha extra para ter motivação para suas atividades tão cruéis e difíceis que sua rotina maçante exigia, então, se queria que a plantação tivesse boa colheita, orava ao Deus da colheita, quando ia pra guerra saquear as conquistas dos outros, era o Deus da guerra que era acionado, se queria se casar com aquela mina da tribo, a Deusa do amor era reverenciada! Existia Deus pra tudo, e muitas civilizações tiveram um auge em torno dessa organização, nas Américas, na Europa, na África, grandes construções, a política definitivamente foi atrelada a religião, e essas duas forças unidas, foram capazes de construir impérios tecnológicos, a ciência, as artes, o modo de vida, a jurisdição, agora temos códigos, agora temos regras a serem aplicadas, e punições para os transgressores, se os Deuses ficarem chateados com você, não há como fugir, são onipotentes, onipresentes, és um condenado e vai sofrer as penalidades...

Olho por olho, e eu te digo quem tu és...

A justiça nunca foi algo fácil de interpretar, a hermenêutica sempre foi um desafio para o homem, e a religião foi uma ferramenta muito usada para a obtenção da justiça, afinal de contas, a justiça humana é falha, mas a justiça dos Deuses sim, é perfeita!

As tribos, os conselhos se uniam, julgavam e aplicavam a pena sobre o pobre coitado que quebrou qualquer regra de conduta ou moral, e as penas variavam de castigos físicos à morte das mais variadas e cruéis formas possíveis, é praticamente impossível desatrelar a política da religião, pois da religião vieram toda a estrutura judicial, toda a ética, tudo que é considerado lícito e ilícito.

É tempo de escravidão colega, você agora me pertence!

Se apronte que eu vou lhe usar, o homem não era só muito mesquinho, era egoísta, ele queria de alguma forma se sentir superior, e foi aí que veio a escravidão, haviam muitas formas de tomar escravos, os derrotados de uma guerra se tornavam escravos de seus algozes, escravidão por dívida, havia aos montes, prostituição, uma forma de escravidão bem popular, as moças que se submetiam a essa atividade eram mercadoria nas mãos de seus aliciadores, e estavam fadadas a essa "vida fácil" pra sempre, dita como a profissão mais antiga do mundo, a prostituição foi um costume que levou muitas mulheres nascidas na miséria, que as elevaram de patamar na sociedade, fazendo de muitas, mulheres livres.

A religião se beneficiou muito com essa prática, não se manifestava, era "neutra" pois os escravagistas a financiavam, e o lucro era bom demais para se achar ruim, então se tornou lei todas as formas de escravidão, era ético e moral possuir outro ser humano, aliás, não ser humano, pois aquele ali nem alma tem...

A tribo dos "sem alma" ...

Aquele povo pode ser escravizado porque não tem alma, e de repente, a raça humana fora dividida em raças, não éramos somente "Homo Sapiens", éramos negros, brancos, amarelos, pardos, éramos diferentes, e por algum motivo, alguns de nós tinha alma e outros não, a política era feroz e ela decidiu quem tinha e quem não tinha alma, os desalmados eram escravos, que tinham que fazer tudo que os possuidores de almas desejassem, e se não fizer, seriam punidos das formas mais cruéis possíveis, a escravidão fora lucrativa, e permaneceu enraizada na sociedade por séculos, a escravidão de humanos foi se intensificando, ela não tinha mais cor certa, pessoas da mesma etnia aprisionava seus semelhantes e vendia pelo melhor valor, o humano deixou de ter valor e começou a ter um preço desde então....

3. Roma domina o mundo!

Nada foi mais eficiente que o estado romano, eles dominaram praticamente todo o mundo conhecido como civilizado, o estado romano era eficaz e se expandiu por um território jamais visto na história, e a religião romana era seu estandarte, Roma dominou o mundo, e plantou a semente do que hoje chamamos de civilização, até que suas estruturas deram uma balançada, o pessoal estava com fome, não tinha onde trabalhar, Roma era uma cidade com um milhão de pessoas, como conter uma revolta eminente?

O que você precisa é de pão e circo!

Os jogos vão começar! Eram gastos fortunas do dinheiro público naquelas festas, mas o povo adorava, as festas os faziam esquecer a vida medíocre que tinham, e por meses

eram feitas as festas, em louvor aos Deuses, em louvor ás
conquistas bélicas, as lutas na arena eram populares, e a
multidão ia ao delírio com as lutas de gladiadores, o pão
era aquele alimento pouco que saciava a fome e a sede de
sangue de uma população flagelada e explorada, manter
um estado tão inchado como o romano não era uma
tarefa fácil, eles precisavam de impostos, impostos esses
que só a população da cidade de Roma não dava conta,
por isso o império expandiu, por isso foram criadas as
cidades – estado, por isso o império dominou portos, nas
estradas eram cobrados impostos para se passar, a
máquina precisava ser alimentada a todo custo! O povo
tem que pagar para ter direito aos serviços gratuitos
prestados pelo estado, as estradas precisavam continuar
a serem construídas, o progresso não pode parar! Mas
mesmo diante de tanta dificuldade, muitos defendiam o
estado, e os poucos que batiam de frente, eram punidos
para servir de exemplo para os outros... O que eles não
esperavam era que, dos mais humildes lugares, viessem
os maiores revoltosos, que iriam modificar toda a sua
estrutura etimológica...

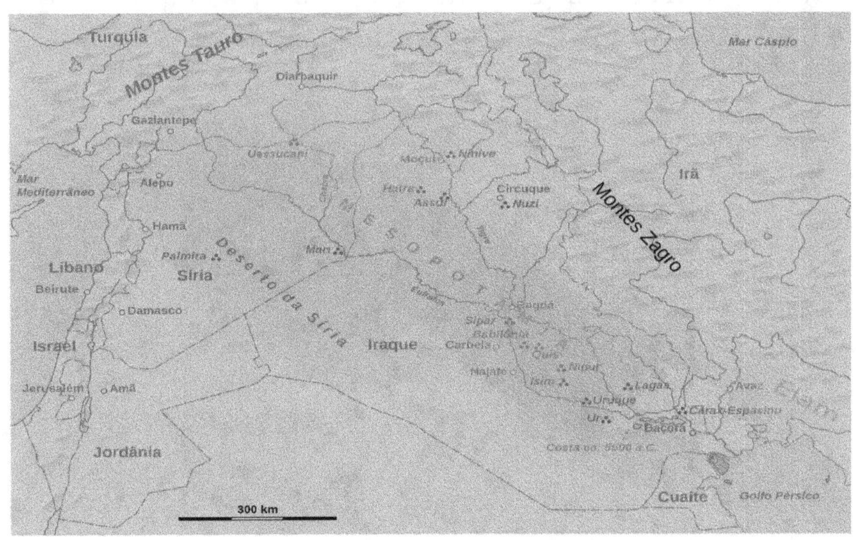

Ele modificou o mundo inteiro, ele revolucionou o mundo inteiro!

Desde seu nascimento perseguido, o rei dos Judeus, o Messias, o filho do carpinteiro, o carpinteiro do universo, Jesus, filho de Maria e José, filho de Deus, quer queira, quer não, a história não foi mais a mesma, desde o dia em que esse ser nasceu em Belém, primeiro desafiou sua própria religião, colocando os mercadores para fora do templo na base da porrada, depois curando enfermos, suas pregações eram cada vez mais assistidas, e seus seguidores só cresciam, isso fez com que alguns sacerdotes não ficassem satisfeitos com aquilo, Jesus era um revolucionário, mas para a religião, não era o Messias, muito menos o rei, o rei era Roma, e é uma blasfêmia querer tomar o que não era seu, mas a reposta era, dê a César o que é de César, e a Deus o que é de Deus, o mandamento era amar o próximo assim como a si mesmo, e ajudar as pessoas que andavam em caminhos ruins a seguir caminhos, em suma, sejam legais uns com os outros pra variar, isso era inaceitável, perseguiram, mataram e crucificaram o Nazareno, porém sua semente se eternizou e a história se dividiu em antes e depois dele...

Quanto mais cristãos matamos, mais surgem!

Ser cristão no império romano não era nada fácil, o estado perseguia, prendia, dava de alimento pros leões, davam todo tipo de castigo, e quanto mais matavam, mais surgiam, brotava do chão, até que um sujeito chamado Constantino decidiu instituir o cristianismo como religião oficial, "Se não consegue vencer, una – se a eles", então juntou todos os profetas e formalizaram a nova religião, tendo como ponto central Roma, o centro espiritual e administrativo dessa religião, e lá decidiram o que era cânone e o que era apócrifo, amarrando uma coisa ali, outra coisa ali, a instituição do cristianismo romano fora extremamente político, e muito eficaz, pois agradou a todos, e os que não se agradaram serviram de lanche para os leões...

Agora o estado antes politeísta, se tornou monoteísta, apenas um Deus, mas para apaziguar ao politeístas, pessoas que tinham uma vida santa, ou morreram pela causa cristã, foram denominadas santas, pessoas que, se você rezar pra elas, elas intercederão a Deus por ti, eles eram tipo uns contraventores de reza, intermediadores, e isso fez com que o cristianismo fosse aceito por todos!

4. Mara, Mara, Mara Maravilha a ê, Egito, Egito ê!

O Egito sem dúvidas fora uma dádiva do mundo antigo, suas descobertas na área da saúde, na área da agricultura, as suas construções de elevado grau de dificuldade, eles foram um povo à frente do seu tempo, tão á frente que tem maluco que acha que extra – terrestres foram lá dar uma mãozinha para eles, pois os achados são espantosos!

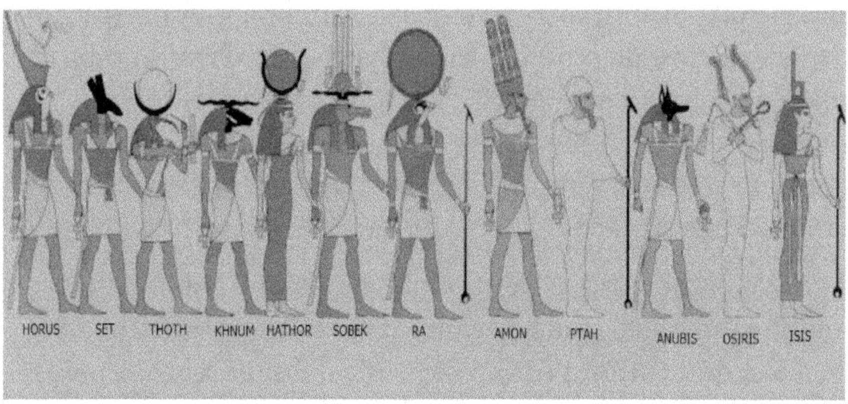

O Deus Faraó está entre nós!

A política egípcia tinha uma formação extremamente hierarquizada, haviam os sacerdotes, homens livres, e os generais do exército, no topo o Faraó, o Deus vivo, aquele que deveria governar tudo e ser reverenciado por todos os cidadãos e escravos, a palavra do Faraó era absoluta e inquestionável, que ousaria questionar um Deus? O termo "obras faraônicas" vem dessa época, os templos, os museus, as tumbas, tudo era feito para eternizar a divindade do Faraó, as conquistas nas guerras, a fraternidade com reinos amigos, e a destruição de reinos inimigos, houveram Faraós de toda forma, inclusive um

Faraó Judeu, que governou o Egito com grande sabedoria, mas depois, os Judeus se tornaram escravos por muitos e muitos anos nas terras dos Faraós, os faraós eram politeístas, seus Deuses eram os verdadeiros, eles eram superiores, e o simples fato de ter um povo que acreditava em Deuses falsos, pior, que acreditavam em apenas um mísero Deus, era uma agressão à sua soberania espiritual.

Templos foram erguidos com pompa, as festas duravam por semanas, os banquetes sempre fartos, carne de ganso, e outras comidas exóticas, vinho e muita bebida, festa e dança, a arquitetura, os monumentos, as obras arquitetônicas, tudo aquilo deveria permanecer no vale do Nilo pela eternidade, todos os Deuses receberam sua devida homenagem, e os Deuses viventes, os Faraós tinham suas tumbas construídas e elaboradas durante todo seu reinado, a morte de um faraó era sentida por todos, era a perca de uma divindade, de uma deidade, algo extremamente impactante na sociedade egípcia, a mumificação era uma cerimônia que durava meses até o corpo estar preparado para o além, então o faraó era lacrado em sua tumba com todos os seus pertences e escravos, para que, na sua volta, tenha tudo que lhe pertencera, os Faraós eram senhores muito egocêntricos, mas quem não seria com tanto poder em suas mãos, a política egípcia era totalmente voltada para o Nilo, o rio que trouxe riqueza para todo aquele vale...

O Egito e o comércio internacional

O Egito foi um grande império porque sabia que precisava criar laços comerciais com seus aliados, importação e exportação, da Namíbia e de muitos outros países africanos, é sim, o Egito fica na África, com isso o

Egito havia se tornado uma potência mercantil, importando especiarias e exportando tudo que produzia, a política externa era muito eficaz, e o Faraó destacava seus melhores cientistas políticos para essa tarefa tão sensível, complicada, e ao mesmo tempo muito importante para a economia dessa nação que era realmente muito próspera.

E o que vai ser, quando você morrer?

O que acontece quando rasgamos o véu da mortalidade, essa foi a maior preocupação dos povos do vale do Rio Nilo, o que vai acontecer, se seu coração pesar mais que uma pena no seu julgamento, um forte abraço coleguinha, mas você vai arder no mármore do inferno, tudo deveria ser feito em vida, porque se você quiser voltar ao mundo, toda a etiqueta religiosa deveria ser feita à risca, caso contrário você destruiria a ordem cósmica, e isso traria efeitos devastadores, o povo do Egito vivia em função da morte, quanto mais rico o cidadão, um funeral mais pomposo ele tinha direito, a vida era uma passagem, esse mundo transitório, então, cada egípcio sabia muito bem que, se não cuidar de sua morte, ninguém mais o faria, e a morte naquele lugar era tão celebrada como o nascimento, a ida e a partida desse mundo eram dádivas, e o além tumba, aí é com você e os Deuses!

Alexandria! Que maravilha!

Alexandria, o que dizer dessa capital que mal conheço, mas considero pacas?

Alexandria com certeza foi um marco geopolítico daquela região banhada pelo Nilo, o conhecimento, as obras, a arquitetura, os museus, e a mítica biblioteca, tudo fora projetado para ser grande, e para sobreviver por séculos, o berço de muitas culturas, o alicerce da ciência e do saber, Alexandria era o lugar para aprender, escrever, ler, fazer acontecer, as peças de teatro, a cultura era o ponto focal daquele local de saber, o templo das musas foi com certeza um marco histórico, e dentro desse templo fora criado o maior acervo científico da antiguidade, a biblioteca de Alexandria, matemática, astronomia, ciências, biologia, medicina, toda produção científica conhecida na época acabava tendo um registro em uma de suas prateleiras, que eram muito bem cuidadas por seus curadores, mas a ignorância humana fez com esses registros fossem destruídos causando ao mundo um atraso filosófico, cultural e científico inestimável...

O farol de Alexandria!

O grande farol de Alexandria foi um marco do mundo antigo, que deu ao homem a possibilidade de navegar para mais longe e trazer especiarias de mais longe, um ponto de chegada, um ponto de partida, mas sempre uma referência! O grande farol foi por anos não só um marco na navegação, mas um símbolo de imponência e grandiosidade daquele lugar tão rico, daquele lugar cosmopolita, daquele lugar que ficou pra eternidade como uma cidade perfeita, onde tudo funcionava na mais perfeita ordem!

Nós queremos ser livres!

Nem tudo são flores nas terras do faraó, e a galera escrava estava cansada daquilo, estar presos serem tratados como uma subespécie humana, os Judeus contaram com um aliado forte, alguém que fora criado com o Faraó, o Moisés, ele fora escolhido para libertar seu povo, Moisés era muito inteligente, porém muito tímido, acusado de traição ele teve que fugir do Egito, se casou e tinha uma vida tranquila até que o Deus dos Judeus o mandou de volta pro Egito pra libertar aquele povo que tinha passado séculos clamando por liberdade, lá foi o nosso destemido herói em busca da liberdade de seu povo, quando chegou lá, o faraó nem quis saber de conversa, um Deus vivo negociando com um mero mortal em nome de um falso Deus? Sem chances, tratativas mais agressivas tiveram de ser feitas, e depois de umas pragas e a morte do filho do faraó, o mesmo liberou os judeus para irem pro quinto dos infernos, e o povo caminhou até o mar vermelho, quando deram por si, lá vinha o exército do faraó pegar eles, usando o cajado, Moisés abriu o mar vermelho e o povo passou, quando os egípcios fizeram o mesmo, o mar fechou e eles afogaram em sua arrogância, eles vagaram por 40 anos no deserto para achar a terra prometida, e no meio do caminho Deus foi passando umas ideias de como o povo deveria se comportar, num certo dia fatídico ele manda Moisés subir no monte Sinai, manda pegar duas pedras e escreve seus mandamentos, e por fim, mandou a sua lei.

I.   Não terás outros deuses além de mim.

II.   Não farás para ti nenhum ídolo, nenhuma imagem de qualquer coisa no céu, na terra, ou nas águas debaixo da terra. Não te prostrarás diante deles nem lhes prestarás culto, porque eu o Senhor, o teu Deus, sou Deus zeloso, que castigo os filhos pelos pecados de seus pais até a terceira e quarta geração daqueles que me desprezam, mas trato com bondade até mil gerações aos que me amam e obedecem aos meus mandamentos.

III.   Não tomarás em vão o nome do Senhor, o teu Deus, pois o Senhor não deixará impune quem tomar o seu nome em vão.

IV.   Lembra-te do dia de sábado, para santificá-lo. Trabalharás seis dias e neles farás todos os teus trabalhos, mas o sétimo dia é o sábado dedicado ao Senhor, o teu Deus. Nesse dia não farás trabalho algum, nem tu, nem teus filhos ou filhas, nem teus cervos ou cervas, nem teus animais, nem os estrangeiros que morarem em tuas cidades. Pois em seis dias o Senhor fez os céus e a terra, o mar e tudo o que neles existe, mas no sétimo dia descansou. Portanto, o Senhor abençoou o sétimo dia e o santificou.

V.   Honra teu pai e tua mãe, a fim de que tenhas vida longa na terra que o Senhor, o teu Deus, te dá.

VI.   Não matarás.

VII.   Não adulterarás.

VIII.   Não furtarás.

IX.   Não darás falso testemunho contra o teu próximo.

X.   Não cobiçarás a casa do teu próximo. Não cobiçarás a mulher do teu próximo, nem seus servos ou servas, nem seu boi ou jumento, nem coisa alguma que lhe pertença

Moisés não entrou na terra prometida coitado, mas sua descendência teve muito que comemorar, pois, mesmo que por algum tempo eles teriam um lar, o qual tiveram que lutar e lutam muito para conservar graças aos termos "terra sagrada" e "terra prometida" a Canaã...

Os dez mandamentos da lei de Deus

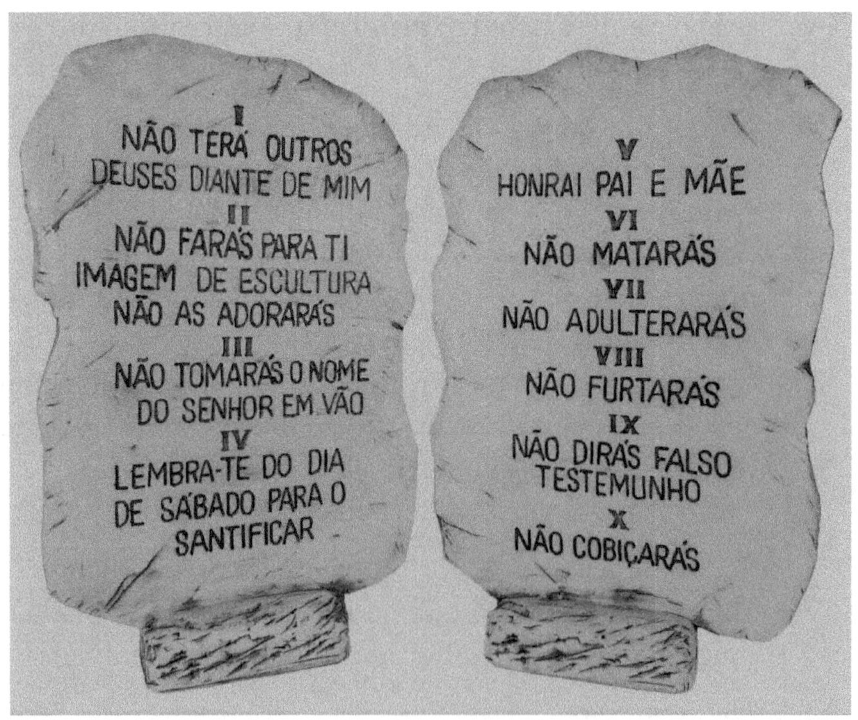

5. Os gregos que se mordam

Como falar na política ocidental sem falar da Grécia? É como ir em Afrânio e não comer doce de leite...

A política, a filosofia, a astronomia, a matemática, a hermenêutica, a justiça, as ciências, as artes, as guerras, os contos, os mitos, os jogos, a ginástica, a literatura, a poesia, o culto ao corpo, as olímpiadas, tudo isso quem nos deu foram esses velhinhos que andavam de túnica pra cima e pra baixo tentando entender o mundo à sua volta, mas vamos por partes...

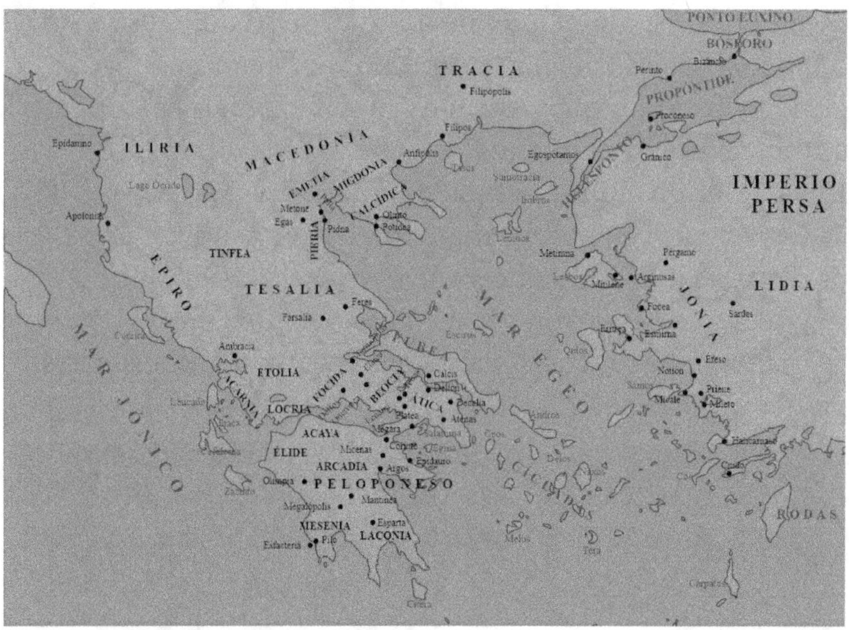

A política e a filosofia

A política grega era a bendita democracia, entre os homens livres, os únicos que podiam votar e ser votados, sua religião, politeísta ditava muitas regras do convívio, os Deuses eram seres que podiam visitar a terra e interagir com os mortais, gerando lendas sobre semideuses, pessoas que eram geradas de amores

proibidos entre Deuses e mortais, todos os Deuses se
reuniam num lugar chamado monte do Olimpo, onde
ficavam debatendo o futuro da humanidade, enquanto
uns só enchiam a cara de vinho, outros só pesavam em
sua aparência, e outros queriam mesmo era fornicar com
a própria mãe, Édipo seu danadinho, de todas as
aberrações que ali existiram, essa sua tara ficava incesto
lugar, enfim, as maiores obras foram erguidas em
homenagem aos Deuses, o Panteão de Deuses era
exigente, e só queria o melhor do melhor, o Grego era
preparado para a batalha, e desde cedo ele teria de
escolher entre duas escolas, a de Athenas ou a de
Esparta, Athenas era a capital do conhecimento, os
grandes pensadores saíram de lá, políticos, filósofos,
enfim, as maiores mentes pensantes vieram de lá,
Esparta era a cidade estado da guerra, o objetivo era de
se forjar guerreiros no sangue da batalha, aprender
desde cedo a arte da guerra e da conquista, a política
Espartana se resumia em conquistar, guerrear e
triunfar, um espartano morto na batalha é um espartano
de honra!

Os jogos olímpicos!

Os gregos criaram os jogos olímpicos, para homenagear os Deuses do Olimpo, E passavam meses competindo, quem saltava mais longe, quem corria mais rápido, quem lançava mais longe, era uma festa intensa, onde os melhores dos melhore somente tinham a honra de participar, os esportes foram fundamentais nesse período, e os atletas eram os heróis da população, com estátuas e monumentos erguidos em sua memória, esses jogos foram inspiração para os jogos da era moderna, aliás, toda a cultura ocidental foi inspirada daqui que foi vivido na Grécia naquele período tão grandioso!

Ginástica, a arte de exercitar o corpo nu ....

Digamos que os gregos tinham manias peculiares, e uma delas era fazer suas atividades completamente desprovidos de vestimenta, nos jogos olímpicos, nos ginásios, em tudo que é lugar se via aquela cena exótica, um bando de macho pelado se agarrando e correndo pra cima e pra baixo, mas enfim, cada mania com seu doido...

Dramaturgia e artes

Athenas era a capital cultural do mundo antigo, peças teatrais eram encenadas, para fortalecer o mito do herói, para engrandecer seus apoteóticos Deuses, músicas eram compostas e executadas com maestria, ninguém pode negar que os gregos eram talentosos, suas obras se perpetuaram pela história, por sua engenhosidade e maestria ao contar histórias, por criar enredos fantásticos, e criar uma mitologia que será lembrada pela eternidade.

6. Bem no meio da idade média

Como nem tudo são flores, a época de ficar peladão correndo por aí teve seu fim no que muitos gostam de chamar de **"IDADE DAS TREVAS"** a idade média é uma época bastante controversa, porém muito rica e deveras importante para entendermos a política ocidental.

Bem vindos à Europa, próxima parada, Roma!

O centro financeiro da Europa, a capital medieval, o trono dos Papas, enfim, a igreja católica Romana, o local de onde saiam todas as decisões políticas na Europa, o sucessor de Pedro, o Papa tinha todo o poder sobre a Europa, e a igreja era detentora de todo o território, se a igreja romana tinha importância sobre o estado? A igreja era o ESTADO, participar do Clero significava estar no topo do poder, possuir uma paróquia era o mesmo que possuir uma grande extensão de terra, nada passava sem a aprovação da igreja, do nascimento até a morte, a igreja controlava tudo e administrava tudo, de escolas á hospitais, cemitérios e orfanatos, o poder econômico da igreja ultrapassava qualquer limite, ter reis católicos só fizeram com que esse poder aumentasse, a igreja foi muito forte nessa época, e fez do mundo o império católico...

Mas isso não está na bíblia...

Como sempre, a igreja nunca parou de modificar os dogmas e se adequar a realidade na qual estava inserida, muitos concílios foram realizados, e foi dada ao papa a infalibilidade, nada que vinha de vossa santidade poderia ser contestada, pois eram ordens diretas de Deus, como praticamente o estado era a igreja, e a mesma recebia muitos donativos e heranças, eles começaram a construir uma paróquia em cada pedacinho do mapa, informação era uma arma poderosa, e a igreja possuía informações de tudo e de todos, dos príncipes que traiam, das esposas que dormiam com escravos, dos impostos desviados, corrupção, cargos eram comprados, suspeita que até mesmo a cadeira do Papa fora comprada por alguns pretendentes, algo que não tenho provas e nem acredito que seja verídico, porém, a política e a religião caminharam de braços dados por um longo tempo...

Nós queremos reforma!

Insatisfeito com a igreja, um alemão chamado Lutero fez um estardalhaço que mudou a Europa e a forma de como a geopolítica era feita, a igreja fora acusada por ele de fazer coisas que não haviam na bíblia, a venda de indulgências era uma delas, o comercio de relíquias também, o ossinho do Santo Fulano, a lágrima de nossa Senhora entre outros artefatos no mínimo curiosos, ele não queria a separação da igreja, mas uma reforma profunda em sua estrutura, algo que nunca iria acontecer, primeiro pôr a igreja ser bastante conservadora, e segundo, porque eles não queriam mesmo, mas não puderam mais acabar com o movimento protestante, ele era forte e tinha aliados mais fortes ainda, e com a ajuda dos príncipes, Lutero finalmente destituiu a igreja do patamar de estado, confiscando igrejas, confiscando toda a estrutura que a igreja tinha edificado na Alemanha, a Alemanha era um estado protestante, e na mesma levada, como um efeito dominó, a igreja perdera praticamente toda a Europa, restando praticamente Portugal e Espanha como países declaradamente católicos, uma perda de poder absoluto muito forte e muito sentida por todos que faziam parte da máquina que tinha se tornado a Sé, o Papa então foi relocado a um país perto da Itália chamado Vaticano, lugar intransponível e sede da igreja católica apostólica romana.

O novo mundo está dividido, metade de Portugal e metade da Espanha!

Então fora decidido, chegou a vez das grandes navegações cruzarem os mares atrás de especiarias! E o mundo fora dividido entre Portugal e Espanha, duas potências marítimas da época, até que o Reino Unido questionou, porque queria uma fatia, e foi acordado que tudo ao norte seria deles, finalmente foram em busca de ouro e de uma vida melhor, os Portugueses assim que desembarcaram na Bahia, foram logo bem recebidos pelos nativos, diferente de seus amigos que encontraram tribos canibais e todo tipo de hostilidade, o Brasil, que terra linda, um lugar paradisíaco, tiveram muita sorte em começar pela Bahia, porém, diferente dos ingleses, a política nessa terra não era pra fixar residência, era apenas exploratória, explora, tira e envia, junto com os portugueses chegaram os padres jesuítas, que logo foram trabalhando, construindo igrejas, escolas, seminários, ensinando sua doutrina aos índios, construindo orfanatos, e organizando toda uma estrutura social, muita gente só observa o lado ruim da igreja, mas devemos destacar sua contribuição na formação desse país, uma grande terra que precisa de administração.

O resto do mundo que me perdoe, mas a partir de agora vamos focar no Brasil, que é o país em que nascemos, e tem uma história linda, porém marginalizada e muito pouco ensinada, e muito menos estudada...

7. Moro, num país tropical, abençoado por Deus e bonito por natureza...

Não há pecado abaixo da linha do Equador, meu Brasil brasileiro, terra de palmeiras onde canta as aves, as aves Marias, os sinos da matriz, meu Brasil, terra boa, lugar onde você pode viver feliz, lugar onde você pode ter orgulho de uma história muito rica, de um apolítica muito complicada, sua história é cheia de nuances e emoções, o Brasil é colônia, é império, é país, o Brasil é lindo!

Duarte Coelho e as capitanias hereditárias

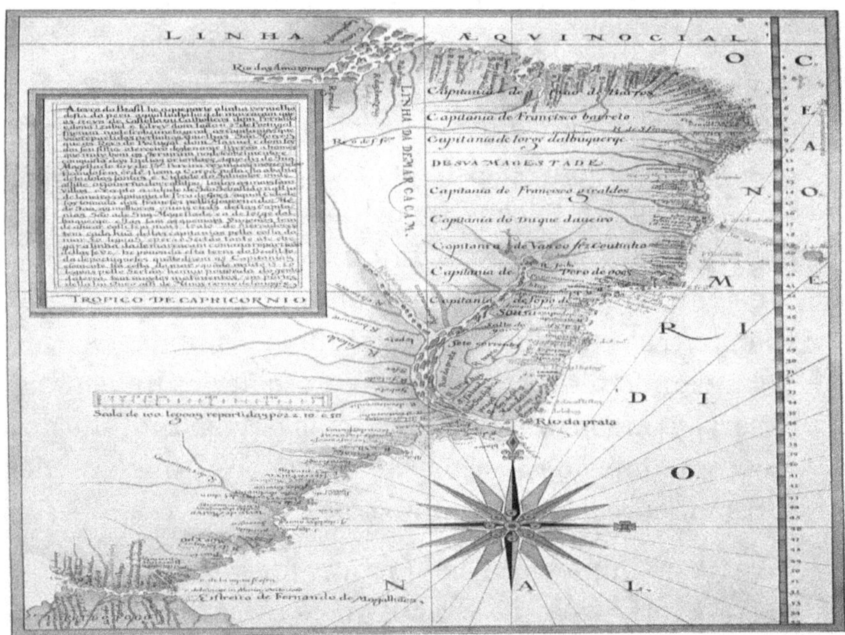

Duarte Coelho foi o primeiro administrador, e ele conseguiu muitos progressos, mas na verdade o Brasil só começou a ser explorado á fundo quando a coroa decidiu dividir em capitanias hereditárias, uma forma de incentivar pessoas ricas a investir nesse fim de mundo...

Isso daqui é o quinto dos infernos!

O Brasil era um lugar pouco atrativo até se encontrar riquezas, mas depois que descobriram o diamante nas Minas Gerais, o Brasil se tornou o lugar mais lucrativo do mundo! Depois dos diamantes veio o ouro, a prata, o bronze, minérios pra dar e vender, as igrejas eram cobertas de ouro, as estátuas feitas do mais puro bronze, o Brasil era rico, e Portugal recebia o quinto, o imposto sobre tudo que era produzido por aqui, e claro que tinha exclusividade em comprar tudo que aqui era produzido e somente eles poderiam vender para nós, essa relação coroa = colônia foi muito boa para os portugueses, o Brasil era a sua galinha de ouro, e esses tempo foram muito prósperos...

Napoleão chegou! E agora?

Apesar de ter uma marinha mercante de respeito, o exército português não era lá essas coisas, e na Europa, Napoleão vinha tomando tudo que via pela frente, com um ataque eminente à sua porta, a família real portuguesa não pensou duas vezes, pegaram o primeiro navio rumo ao Brasil

A família real está no Brasil!

Receber a família real foi um acontecimento político deveras importante para o Brasil, a colônia agora era oficialmente a sede do governo, aqui era a capital de Portugal, o rei veio com toda a família, cachorro, papagaio, esposa, e por incrível que pareça, a sogra, a vinda da família real ao Brasil trouxe na bagagem, teatros, praças, construções, edificações, mais igrejas, salões de festa, os portos fluviais receberam uma melhor estrutura, as estradas todas foram todas reformadas, foi fundado o Banco do Brasil, a indústria e o comércio, finalmente o Brasil estava se desenhando como um país, Rio de Janeiro e São Paulo se tornando metrópoles, caminhando para o interior, aumentando cada vez mais suas fronteiras, finalmente essa colônia estava se descobrindo o conhecendo o entretenimento, uma capital sem música, sem vida noturna não é uma capital, e nesse tempo fora investido no Brasil muito dinheiro, e fora tirado do Brasil muita riqueza, mas o fato de a família real estar aqui, contribuiu para o crescimento dessa colônia, acabaram as capitanias hereditárias, quem administra tudo agora é o estado, o estado estava presente, e assim foi por anos, até que Dom Pedro I, filho de Dom João, se decidir por ficar e dar aquele velho grito do Ipiranga, "Independência ou morte"!

Já raiou a liberdade no horizonte do Brasil

O Brasil sabia que, para se tornar uma país realmente rico deveria romper os laços coloniais com Portugal, porém essa transição foi feita de forma que, não houvesse qualquer tipo de tensão bélica, não que o Brasil possuísse um exército todo mal, o exército brasileiro é o único do mundo que nunca perdeu uma guerra, e graças a ele o Brasil se tornou um país continental.

O maior da América do Sul, e com um grande potencial econômico, e a nova coroa fez questão de pagar para ver, o Brasil é o país do futuro!

Dom Pedro I o imperador do Brasil!

Dom João não ficou muito feliz de perder a soberania sobre o Brasil, era uma colônia lucrativa, porém as negociações não precisaram partir para o conflito armado, depois de uma compensação financeira, o Brasil finalmente se tornou uma nação independente de Portugal.

Dom Pedro I era um galanteador, do povo, era admirado e tinha uma popularidade de causar inveja, vivia nas tabernas, mas sabia governar com punhos de aço assim que era necessário, ele sabia do tamanho de sua responsabilidade, mas isso nunca subira a cabeça, um fanfarrão, um boa praça Dom Pedro I sabia que, com sua saída definitiva o Brasil iria estar em boas mãos, seu filho seria seu sucessor no trono brasileiro, com Dom Pedro II sendo preparado para ser o imperador, o filho de Dom Pedro I, nascido e criado no novo país, fora instruído desde cedo para reinar e comandar um dos maiores países do mundo...

Dom Pedro II o imperador cientista!

Ao contrário de seu pai, que era uma pessoa do povão, e que tinha uma popularidade sem igual, Dom Pedro II foi criado para ser imperador, foi ensinado a ser imperador, e com 15 anos se tornou imperador do Brasil, dono de uma sabedoria que transcendia sua idade tão juvenil, ele transformou o país numa máquina de desenvolvimento, o império brasileiro era um dos maiores do mundo, em produção agrícola, mas ele queria mais, e tomou por aliados pessoas tão inteligentes quanto ele, ele amava o Brasil, e queria ver, de todo o seu coração essa nação próspera, nunca aumentou seu próprio salário, e ainda doava para a caridade uma parte dele, um filantropo.

Alô, quem tá falando?

Como era muito curioso, nosso imperador vivia viajando em busca de novidades para trazer para o Brasil, então foi aos Estados Unidos ver uma invenção um tanto quanto peculiar, o telefone, Graham Bell havia terminado de inventar, e o nosso imperador já estava lá pronto para trazer essa tecnologia para o Brasil, sempre com sua câmera fotográfica, registrava tudo, ele era um entusiasta da ciência, o Brasil também contou com ele para ter uma extensa rede de telégrafos e Correios, sem falar da linha ferroviária que cortava esse país continental de ponta a ponta.

Intelectuais a torto e a direito

A época do segundo império brasileiro fora, sem dúvidas a mais rica na política internacional, Dom Pedro II era admirado e respeitado no mundo inteiro, sua inteligência e sua visão, à frente do seu tempo era contemplada e respeitada por todos os meios acadêmicos das Américas e

Europa, ele não queria apenas um país forte, mas um país livre da escravidão, e isso incomodou muita gente.

Brasil, uma potência mundial!

O Brasil império era respeitado no mundo todo, era a quarta maior marinha mercante do mundo, tinha um imperador conhecido e admirado em todo o globo, era uma das maiores economias do mundo, uma moeda sólida, uma educação de primeiro mundo, apesar dos pesares, de alguns problemas como a escravidão, o Brasil era um império temido e respeitado!

A lei do ventre livre

Por mais que você tenha boas intenções, os senhores de escravos receberam essa lei com grande indignação, como eles fariam para manter suas lavouras sem os escravos? O Brasil é um país escravagista e deve permanecer assim! O imperador ficou louco de vez, deve ser por ler tantos livros, e esses escritores encheram a cabeça do nosso soberano de minhocas, mas não teve jeito que desse jeito, a lei do ventre livre entrou em vigor, com ela, todo um plano de inserir os escravos no mercado de trabalho formal, ensinando uma profissão, a própria casa do imperador servira como uma escola técnica, onde os escravos aprendiam uma profissão e podiam assim, desfrutar de sua liberdade.

Irineu Evangelista de Sousa, Barão de Mauá

Uma figura deveras importante nesse período, totalmente contra o regime escravocrata, conseguiu tornar o Brasil financeiramente viável, construindo ferrovias, fazendo o capital girar, fortalecendo o Banco do Brasil, e se tornando um homem de muita influência, ganhando assim, a admiração e o respeito de nosso imperador, ele sim tinha uma visão à frente do seu tempo, mas os barões da agricultura não viam com bons olhos, e o barão de Mauá, depois de algumas percas significativas e a sua falência, caiu no ostracismo...

Fim da escravidão!

O Brasil foi o último país do mundo a sair da escravidão, o tráfico negreiro estava cada vez mais caro, o mundo estava abominando essa prática, mas os fazendeiros brasileiros continuavam a insistir que essa mão de obra era fundamental para o desenvolvimento sustentável dessa recente nação, porém, com um Dom Pedro cada vez mais velho e indisponível para a política, ele logo fez com que a transição de governo para a princesa Isabel fosse de uma forma gradual, dando a ela liberdade e poderes, então a lei áurea foi assinada, os negros estão livres!

O plano era não só dar liberdade aos escravos, mas preparar eles para o novo mercado de trabalho, isso seria uma injeção de capital no comércio, nas vendas de roupas, casas, enfim, o Brasil estaria caminhando a passos largos em direção da revolução industrial iniciada no Reino Unido, mas um golpe e tudo foi por água abaixo..

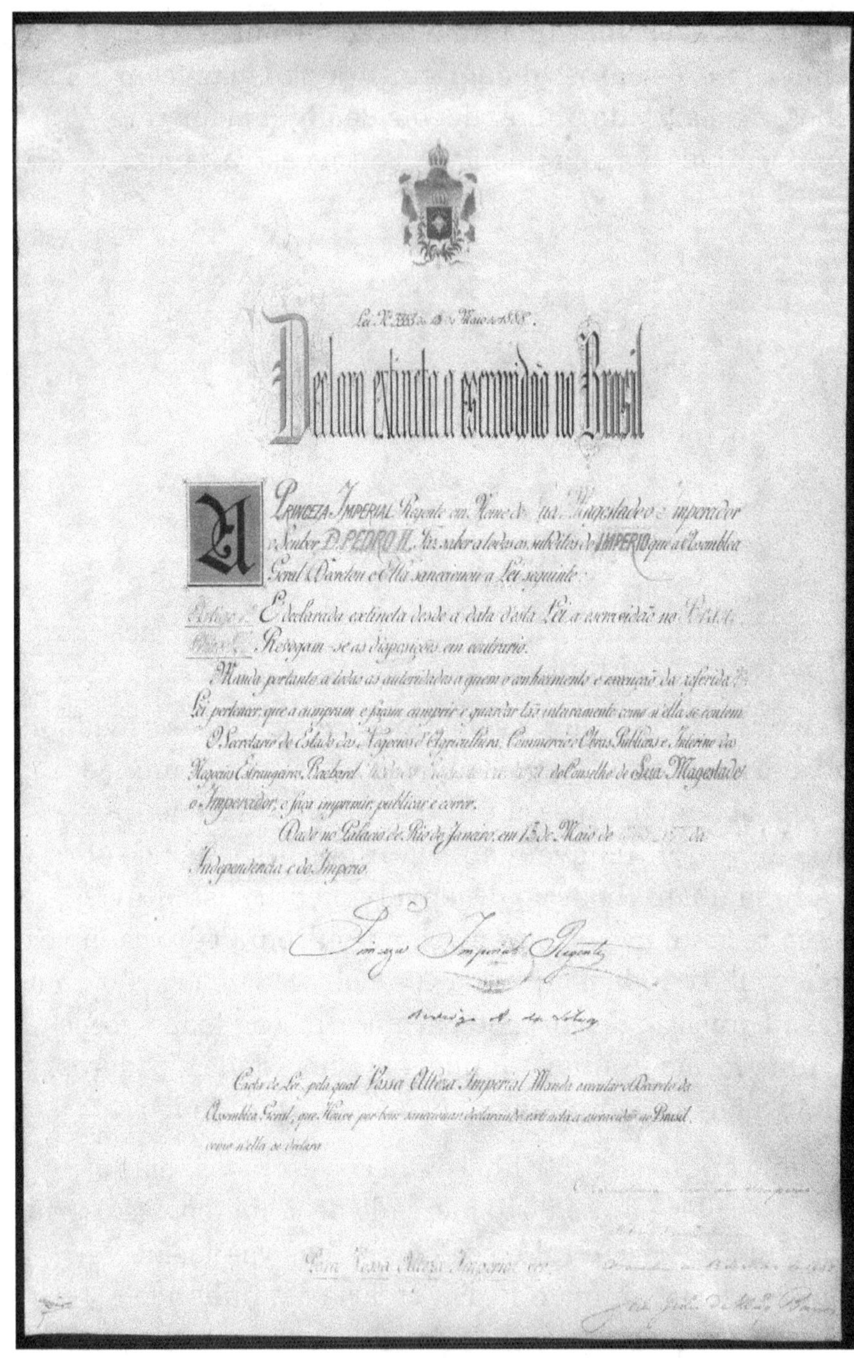

"Lei áurea, da libertação da escravidão"

8. O golpe republicano

O fim de escravidão teve muitos efeitos colaterais, era o
fim de uma era no Brasil, um rompimento de um
costume que vinha de anos, e os barões da agricultura
não gostaram nada disso, então revoltas foram
incentivadas em todo país, por todo o Brasil, a população
estava indignada com o imperador, e com a coroa que os
havia libertado do julgo da escravidão, massa de
manobra desde sempre, com um golpe de estado sem
precedentes, os republicanos invadiram o palácio, e
destituíram a família real, os condenando ao exílio, o
imperador nunca mais pode voltar ao país que tanto
amou, e que fora criado para administrar, e faleceu
longe, em uma situação de pobreza, enquanto os
golpistas começavam a transformar o Brasil em um antro
de corrupção e desmando, a república das bananas
estava instaurada, o golpe foi dado, e a massa de
manobra comemora nas ruas, festas e mais festas, bem

vindo ao Brasil republica, bem-vindo à Desordem e o Regresso!

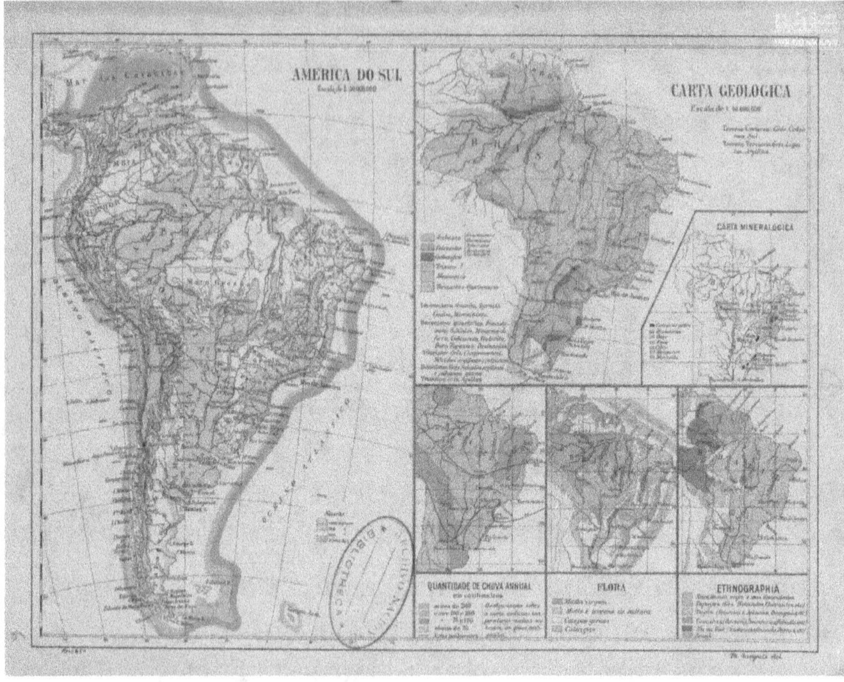

Estados unidos do Brasil

Um novo "Estados Unidos da América do Sul", assim nascia essa famigerada republica, com uma constituição e uma divisão de estados parecidas com a sua irmã nortista, nascia então a república da Brasil, o mundo precisava reconhecer aquilo, e mostrar o mínimo de organização era necessário, o presidente do Brasil manteve o parlamentarismo, agora e por definitivo, o Brasil era uma república federativa, capital que foi Salvador, agora é o Rio de Janeiro, que coisa linda, os militares ficaram no poder por um bom tempo até que as oligarquias tomassem de conta daquilo tudo...

O Brasil saiu da colônia, mas a colônia não saiu do Brasil...

Quando se pensa em um país soberano, se pensa em desenvolvimento, mas isso não era bem o pensamento do pessoal naquela época, o pessoal do nordeste estava indo muito bem plantando cana, minas estava se deliciando com o que sobrou da mineração e a produção de leite, e o plantio do café estava em seu auge de produção em São Paulo, e isso estava bom, mas, a escravidão terminou, quem vai trabalhar?

O golpe de estado que transformou o império em republica não fora um ato popular, eles precisavam de alguma forma fortalecer a imagem deles, e deixar aquela aberração um pouco menos desonesta...

Italianos e Japoneses venham ficar ricos no Brasil!

O Brasil fez uma propaganda enorme no exterior, e os italianos e japoneses, flagelados pela guerra e pela fome, viram nessa recente republica um meio de crescer na vida, então vieram aos montes, e muitos foram muito bem sucedidos, principalmente os italianos que foram pra São Paulo e Rio de Janeiro, o Brasil era o país mais cosmopolita do mundo, a agricultura foi fortalecida, e parecia que estava tudo indo num bom rumo, mas não esqueça que republica nem sempre age pelo bem popular, o Brasil é o país do futuro!!!

"São Paulo anos 20"

Libera geral, libera geral, então libera!

A primeira republica veio com as ideias do iluminismo, igualdade, liberdade e fraternidade, e também com o capitalismo em alta, e o Reino unido como potência mundial, claro que sua forma mercantilista, e como agia com os meios de produção iriam afetar a política brasileira, o Brasil recebeu de braços abertos o capital estrangeiro, pois, se tornar império, depois republica, custou muito dinheiro aos cofres públicos, e o Brasil estava à beira de um colapso financeiro, vieram os

Italianos e as confecções, os Japoneses, fugindo de uma guerra, em busca do sonho americano, grandes lojas, grandes fábricas, o Brasil estava indo de vento em polpa, eis que descobrem o ouro negro, o petróleo, empresários acreditam nesse sonho e começam a explorar de tudo, gerar riquezas para o país e para si, Rio de Janeiro e São Paulo eram as capitais financeiras do Brasil, obras foram impetradas, estradas, linhas de trem, os correios cresceram, a demanda por energia também, o Brasil estava trocando o gás por eletricidade, e eletricamente o Brasil liberal avançou por demais, até incomodar profundamente os nacionalistas, a política brasileira não se importava com o povo, nunca se importou, só na época de eleições claro, onde o voto era por cabresto, quem mandava em seus currais eleitorais eram os grandes fazendeiros e o povo votava no doutor que seu mestre mandar...

Marechal Deodoro da Fonseca (1889- 1981)

Deodoro da Fonseca assumiu o poder após invadir a Praça da Aclamação no Rio de Janeiro, no dia 15 de novembro de 1889 e proclamar a república. Em seu governo, promoveu a implantação de um sistema político, separando Estado e Igreja, e realizou a convocação de eleições para a formação da Assembleia Constituinte, que futuramente iria resultar na primeira Constituição Republicana do Brasil.

Marechal Floriano Peixoto (1891-1894)

Floriano Peixoto era vice-presidente de Deodoro da Fonseca. Assim como o presidente anterior, ele não foi eleito diretamente pelo povo. Entretanto, ficou conhecido pela adoção de medidas populares como a suspensão do "estado de sítio". Além disso, Peixoto reabriu o Congresso Nacional.

Prudente de Moraes (1894-1898)

Prudente de Morais foi o primeiro da lista de presidentes do Brasil eleito diretamente pelo povo. O seu governo foi marcado pela influência marcante de fazendeiros da cidade de São Paulo e Minas Gerais. No ambiente econômico, Prudente de Morais enfrentou a crise e a inflação elevada, mesmo com a adoção de políticas para estimular a indústria, pois a população estava insatisfeita com os baixos salários.

Manuel Ferraz de Campos Salles (1898-1902)

Campos Sales encarou uma grande dívida do Brasil com outros países. Para combater esse problema, ele propôs um acordo financeiro conhecido como "Funding Loan", durante o período em que o café alcançava uma superprodução interna, porém com baixos preços no mercado mundial.

Rodrigues Alves (1902-1906)

Rodrigues Alves foi um dos presidentes do Brasil que teve a sua gestão marcada por rebeliões. Entre elas, a Revolta da Vacina, movimento organizado pela população do Rio de Janeiro insatisfeita com as agressões sofridas durante o ato obrigatório de se vacinar contra a varíola. Nesse período, a falta de informação e a atitude agressiva do governo provocou grande agitação na cidade, além de conflitos com a polícia. O resultado de toda essa agitação foi um cenário trágico com mortes, diversas pessoas feridas, detidas e até deportadas.

Afonso Augusto Moreira Pena (1906-1909)

 Afonso Pena tentou estabelecer a economia do país, adotando algumas medidas drásticas como a superprodução cafeeira, retirando milhares de sacas de café do mercado à espera de uma valorização do produto.

Nilo Procópio Peçanha (1909-1910)

Nilo Peçanha foi um dos presidentes do Brasil que teve o mandato curto. Ele governou o país por apenas 1 ano e 5 meses, mas durante esse período incentivou a criação do SPI (Serviço de Proteção ao Índio) e ainda apoiou a formação do ensino técnico no Brasil, com a criação da Escola de Aprendizes Artífices.

Marechal Hermes da Fonseca (1910-1914)

Marechal Hermes da Fonseca era sobrinho de Deodoro da Fonseca. Ele tentou restaurar a influência militar na política durante o seu mandato. A sua gestão foi marcada pela Revolução da Chibata, movimento que teve início com a insatisfação dos marinheiros devido aos maus tratos recebidos.

Wenceslau Braz (1914-1918)

No seu mandato, Venceslau Brás enfrentou movimentos políticos, entre eles um grande marco da história, que foi a Primeira Guerra Mundial. Nesse período, os problemas encontrados em importar produtos da Europa ajudou a desencadear um grande desenvolvimento industrial, já que crescia significativamente o número de operários dentro do país.

Delfim Moreira da Costa Ribeiro (1918-1919)

Delfim Moreira assumiu a presidência do país em substituição a Rodrigues Alves, que não conseguiu se reeleger por motivos de saúde. Mesmo com a curta duração de mandato, Moreira promoveu algumas alterações no código civil, sancionado por Venceslau Brás no governo anterior.

Epitácio Pessoa (1919-1922)

Epitácio Pessoa solucionou as manifestações causadas por imigrantes europeus insatisfeitos com a situação do trabalho na indústria, por meio da lei de Repressão ao Anarquismo em 1921. O presidente ficou reconhecido por implantar grandes melhorias na região do Nordeste.

Arthur Bernardes (1922-1926)

Arthur Bernardes foi um dos presidentes do Brasil conhecido por adotar medidas mais repressivas, visando combater os focos de revoltas pelo país. Em sua gestão, ele restringiu a liberdade de imprensa e enfrentou movimentos tenentistas.

Washington Luís (1926-1930)

Washington Luís marcou o fim do governo de presidentes do Brasil durante o período conhecido como República Velha. Em seu mandato, ele propôs uma reforma econômica em todo país. Ainda como presidente, enfrentou a crise de 1929 e o início da Revolução de 1930.

9. Populistas, nós somos populistas!

Corrupção e republica é pleonasmo! E não existe república livre desse câncer, e para acabar com isso vieram a era populista! O Brasil enfiado numa miséria sem precedentes, afetado em muito pela grande depressão que veio ao mundo, não encontrava solução para seus problemas caseiros que eram muitos, graças a super população da capital, o Rio de Janeiro fora povoado de favelas, refúgio de pessoas que foram em busca de uma vida melhor, mas não encontraram aquele emprego que tanto sonharam, não conquistaram a glória tanto almejada, o Rio era um caos, muitos foram pra São Paulo e lá começaram a crescer, São Paulo era definitivamente o novo endereço para os sonhadores de plantão, e como cresceu aquele lugar, muitos presidentes foram eleitos nessa fase que também é conhecida como café com leite, porque revezavam no poder, paulistas e mineiros, ditando assim os rumos do progresso e concentrando a riqueza nesses dois lugares, o nordeste e o norte mal existiam, apenas existia o êxodo rural, a ida de milhares de nordestinos, fugindo da fome, para Rio, São Paulo e Belo Horizonte, grandes capitais que estavam precisando de mão de obra barata, era o comércio, a indústria, a metalurgia, a exploração de petróleo e minérios, o Brasil era um campo de trabalho e os brasileiros precisavam sair de suas casas em busca do desconhecido, muitos se deram bem e tiveram uma vida com o básico, mas muitos tiveram uma vida muito difícil, principalmente os que decidiram ficar no sertão, e lutar para sobreviver naquilo que eles consideravam seu lar.

Mandacaru quando "fulora" na seca...

Pense num povo arretado, que não tinha medo de nada, mesmo esquecido pelo resto do mundo o nordestino não deixou de lutar, e vivia à sua maneira política lá era bastante forte, era época do coronelismo, uma economia forte, o algodão, a cana ditavam a economia nordestina, estados como Pernambuco, Bahia, Sergipe, Maranhão, eram fundamentais para a economia local, as linhas férreas eram sobrecarregadas de trens, levando a agricultura nordestina para os portos e para o resto do Brasil, grandes oligarquias se fortaleceram por lá e dominaram a política por muitos anos, e permanecem no poder até hoje, para o bem ou para o mal, o nordestino nunca foi de fraquejar, nunca foi de temer, subsistência era a palavra chave e luta era seu sobrenome...

Varre, varre vassourinha!

O presidente agora era pop star! Com frases de efeito e musiquinhas bacanas, os candidatos despertavam paixões avassaladoras em seu eleitorado, talvez essa emoção tenha cegado o povo de que, não havia erros na república, a república era o erro...

Os comícios eram um show à parte, os reis da oratória lavavam seus correligionários ao delírio, com promessas e mais promessas, a imprensa tinha total liberdade e registrava tudo, o dia a dia do presidente, o que ele comia, o que vestia, ela tinha acesso à tudo, até mesmo porque o povo é bastante curioso sobre a vida presidenciável, um pop star precisa de holofotes para tirar o foco do que realmente era necessário, mas uma parte deveras conservadora não estava gostando nada disso, porém tramava sorrateira ainda sua vinda ao poder, o Brasil tinha uma ótima aliança com países chave no exterior, o que lhe rendeu acordos muito bons e rentáveis na exploração de suas riquezas...

A época de ouro do rádio!

Era o rádio o maior meio de comunicação nessa república menina, e o rádio era usado e abusado, o povo precisa de pão e circo! E o circo era o rádio, a Rádio Bras, e tantas outras estações brigavam pela audiência, contratavam cantores de todos os lados do Brasil, o presidente pronunciava ao vivo, entrevistas, jornalismo, o país tropical, abençoado por Deus e bonito por natureza estava nas ondas do rádio! O rádio que mexia com as emoções de todos, com as novelas, com as canções, com os jornais, para saber o que estava acontecendo no mundo, o meio de comunicação mais popular e mais democrático inventado pelo homem, música, esporte e notícias!!!

Chiquita bacana lá da Martinica, se veste com uma casca de banana nanica!

O Brasil estava sendo descoberto no exterior, não só por suas belas praias, mas também pela música! Carmen Miranda, a pequena notável conquistou o mundo e colocou o Brasil nas páginas das principais revistas do exterior, era a terra tropical, onde tudo que se planta dá, era a terra dos intelectuais, obras de arte, esculturas, pinturas, musicas, a semana de arte moderna em São Paulo, o xote e o baião no nordeste, o boi bumbá do norte, e as festas tradicionais do sul, o Brasil transpirava cultura, os programas de auditório nas rádios eram lotados, todos queriam ver de perto seus artistas prediletos se apresentando, fora realmente uma época de ouro, faculdades foram construídas, e a educação pública era de qualidade!

Afinal de contas, Capitu traiu ou não traiu Bentinho?

A literatura brasileira teve anos e mais anos de uma riqueza esplendida! As obras literárias eram vastas, e retratavam o cotidiano, memórias de vivos, memórias de mortos, todos escreviam, mesmo postumamente, grande nomes surgiram e enriqueceram nossa literatura, o folclore fora difundido, o Brasil era leitor, e isso incomodava muita gente porque a leitura trazia o senso crítico e o pão e circo produzido à época não estava mais surtindo tanto efeito...

Os poetas do sul e sudeste, os escritores de cordel no Nordeste, tudo era escrito, com algumas coisas exageradas, mas era pra dar aquele impacto, aumentando, mas não inventando!!!

As pinturas, a arte moderna, era tanta informação que o brasileiro não sabia nem pra que vertente caminhar, e a política adorou aquilo tudo, povo ocupado com outras atividades, os deixavam em paz...

Vamos evoluir 50 anos em 5, Brasília! A capital dos sonhos e o redescobrimento do Brasil...

Lá em Minas, estava surgindo um visionário, à frente do seu tempo, e com apoiadores muito influentes no cenário político nacional, dono de uma visão impar e uma forma peculiar de governar, ele era definitivamente alguém que o Brasil precisava na presidência, o menino Juscelino, mineirinho, chegou de mansinho e conseguiu com voto popular chegar fazendo grandes promessas, de todas as suas promessas, a mais ambiciosa com certeza foi a de levar a capital do Brasil para o coração do serrado, Brasília, como construir uma cidade inteira do zero? Com empréstimos, e foi assim que, com muito esforço de muitos brasileiros, a capital da nação foi erguida! Brasileiros de todos os cantos desse país continental fizeram parte dessa empreitada, peões, mestres de obras, engenheiros, todos iam para Brasília, os empregos estavam lá, precisava de todos, carpinteiros, mestres de obras, cozinheiros, rampeiras, para cada profissão, havia vagas disponíveis para trabalhar em Brasília, com os traços do jovem Oscar Niemeyer, Brasília se tornou uma cidade singular, em formato de avião, sem esquinas, uma cidade administrativa, de onde os poderes federativos iriam governar, propor leis, fazer com que as leis sejam cumpridas, e abrigar "os representantes do povo"...

"O presidente Bossa Nova"

O ritmo de crescimento não podia parar, temos uma capital! Brasília! Agora os três poderes tem uma casa nova, o Brasil tem uma capital exclusivamente administrativa, os pedreiros e todos os outros trabalhadores que permaneceram por lá foram morar em cidades satélites, que eram bem próximas à capital federativa, o distrito federal estava pronto, à custa de muito suor, jornadas de trabalho que beirava a escravidão, e muito, muito dinheiro, mas o presidente é pop, e saiu da presidência como herói, o herói que construiu a capital do país, o herói que incentivou o país a ser explorado mais para o interior, e fez uma cidade quase em um ponto estratégico, afinal de contas estava no meio, entre o sul e o sudeste, regiões que dominavam a economia nacional, e o estado precisava estar de olho em tudo!

10.   Lá no meu sertão tem cabra de peste!

Enquanto isso no nordeste, povo nunca parou, e muitos movimentos surgiram, um deles foi o cangaço, a fome apertava, e muitos pegavam em armas e ia à luta como eles diziam, saqueando povoados, fazendo grandes fazendeiros de reféns, destrinchando o sertão em busca de emoção, o maior expoente dessa vida foi certeza Virgulino Ferreira da Silva o Lampião rei do cangaço!

Considerados como bandidos por muitos e heróis por alguns, esses bandos eram muitos e ditavam as regras no sertão, involuntariamente anarquistas, eles queriam um nordeste livre, considerados revolucionários, e há quem diga que eles colocaram o nordeste no mapa do Brasil, que até então era esquecido pelas autoridades, eles foram caçados e mortos pelos "macacos", uma polícia especial que foi destacada apenas com esse objetivo, caçar cangaceiros, por muitos anos os cangaceiros sobreviveram, com conhecimento dos sertões e suas veredas, eles eram ligeiros, inteligentes e estrategistas, sabiam quais rotas de fuga tomar, sabiam com quem podia contar, era tudo cronometrado, era tudo meticulosamente planejado, os fora da lei mais amados do país, em sua memória existem milhares de produções, filmes, livros, literatura de cordel, matérias, e tudo que você possa imaginar, o banditismo nordestino virou cultura Pop! Camisas, chapéus, suvenires de todas os tipos são comercializados com essa temática, mas, pelo bem ou pelo mal, o Nordeste realmente começou a ser visto com outro olhar depois da passagem desses cabra da peste por aqui...

A polícia cercou, fez investidas, dividindo e conquistando fora vencendo essa guerra que durou anos contra o cangaço até que o movimento foi inteiramente dizimado e seus maiores chefes foram executados e suas cabeças expostas em praça pública para servir de exemplo para outras pessoas que ousarem ser subversivas e tentar atacar o soberano estado brasileiro...

Olha eu aqui de novo Xaxando, olha eu aqui de novo para Xaxar....

O que dizer da cultura nordestina que é muito linda e rica e linda, da terra de Lampião, Serra Talhada temos o Xaxado, dança que fora popularizada justamente pelos cangaceiros, a cavalhada, o reisado, e as folias de carnaval!

A riqueza cultural da região nordeste é visível para além de suas manifestações folclóricas e populares.

A literatura nordestina tem dado grande contribuição para o cenário literário brasileiro, destacando-se nomes como João Cabral de Melo Neto, José de Alencar, Jorge Amado, Nelson Rodrigues, Rachel de Queiroz, Gregório de Matos, Clarice Lispector, Graciliano Ramos, Ferreira Gullar e Manuel Bandeira, dentre muitos outros.

Na literatura pode-se citar a literatura popular de cordel que remonta ao período colonial (a literatura de cordel veio com os portugueses e tem origem na Idade média europeia) e numerosas manifestações artísticas de cunho popular que se manifestam oralmente, tais como os cantadores de repentes e de embolada.

Na música erudita, destacaram-se como compositores
Alberto Nepomuceno e Paurillo Barroso, assim como o
cearense Liduíno Pitombeira na atualidade, e Eleazar de
Carvalho como maestro. Ritmos e melodias nordestinas
também inspiraram compositores como Heitor Villa-
Lobos (cuja Bachiana brasileira nº 5, por exemplo, em
sua segunda parte - Dança do Martelo - alude ao sertão
do Cariri).

Na música popular, destacam-se ritmos tais como coco,
xaxado, martelo agalopado, samba de roda, baião, xote,
forró, Axé e frevo, dentre outros ritmos. O movimento
armorial do Recife, inspirado por Ariano Suassuna, fez
um trabalho erudito de valorização desta herança rítmica
popular nordestina (um de seus expoentes mais
conhecidos é o cantor Antônio Nóbrega).

Na dança, destacam-se o maracatu, o frevo (também
característico de Pernambuco) o bumba meu boi, o
xaxado, diversas variantes do forró, o tambor de crioula

(característico do Maranhão), etc. As músicas folclóricas quase sempre são acompanhadas de danças.

O artesanato é também uma parte relevante da produção cultural do Nordeste, sendo inclusive a fonte de renda de milhares de pessoas por toda a região. Devido à variedade regional de tradições de artesanato, é difícil caracterizá-los todos, mas destacam-se as redes tecidas e, às vezes, bordadas com muitos detalhes; os produtos feitos em argila, madeira (por exemplo, da carnaúba, árvore típica do sertão) e couro, com traços bastante particulares; além das rendas, que ganharam destaque no artesanato cearense. Outro destaque são as garrafas com imagens feitas manualmente em areia colorida, um artigo produzido para venda para turistas.

No Maranhão, destacam-se artesanatos feitos da fibra do buriti (palmeira), assim como artesanatos e produtos do babaçu (palmeira nativa do Maranhão).

A culinária nordestina é variada, refletindo, quase sempre, as condições econômicas e produtivas das diversas paisagens geoeconômicas dessa região. Frutos do mar e peixes são bastante utilizados na culinária do litoral, enquanto, no sertão, predominam receitas que utilizam a carne e derivados do gado bovino, caprino e ovino. Ainda assim, há várias diferenças regionais, tanto na variedade de pratos quanto em sua forma de preparo.

Canudos, Pau de Colher, o estado caçando comunistas...

A Bahia é um estado de espírito, e com isso, fatos extraordinários aconteceram por lá, Canudos era uma cidadezinha no meio do nada, com pessoas movidas pela fé, o que então fez com que o governo investisse contra um lugarejo tão insignificante? A audácia de um Antônio Conselheiro que juntou homens e mulheres para viver através da fé, cultivando seu próprio sustento, e dividindo entre si tudo, comunistas, subversivos, essas eram algumas das acusações que caíram sobre aquele povo tão sofrido e muito humilde, que mal sabia ler ou escrever, eles queriam apenas ter o que comer, armados com foices, enxadas, pás, foram triunfando contra todas as autoridades que iam lá tentar destruir o povoado, até que, o governo tomou uma atitude definitiva, mandando tropas para o que foi conhecido como uma das maiores carnificinas da história do Brasil, a guerra de Canudos, ninguém sobreviveu, apenas o sonho, o sonho que o nordestino sempre teve, de viver em sua terrinha em paz...

Pau de colher foi peculiar, porque ali havia uma fazenda que muitos atribuíam como ser pertencente ao Padre Cícero, esse homem, padre, político, milagreiro, e até mesmo considerado charlatão por algumas pessoas, tinha um magnetismo incomparável, nessa fazenda se reuniam pessoas, peregrinos, maltratados pela seca e pela pobreza extrema, para rezar, pedir a intercessão do "Padim", eles queriam chuva, eles queriam a cura para as mais diversas doenças, a medicina moderna não chegara por aqui, e a fé era a única muleta desse povo tão sofrido, então uma denúncia anônima chega ao planalto, - Os comunistas estão no interior da Bahia, medidas drásticas precisam ser tomadas antes que eles e suas ideias tomem de conta de todo o nordeste!

E com um grande estrondo, Pau de colher é dizimada, no que é considerado até hoje, o primeiro ataque aéreo impetrado no Brasil...

A benção meu padrinho Padre Cícero!

O Ceará era a capital da fé no nordeste, graças a um senhor que desafiou a própria igreja, rezando as missas e lendo a bíblia em português, língua considerada suja pelas autoridades eclesiásticas, apenas Latim era permitido, ele revolucionou fazendo o oposto, muito inteligente e articulador, o Padre Cícero foi um líder político e uma mente à frente do seu tempo, suas lições eram ouvidas por milhares de peregrinos, Juazeiro do Norte se tornou a Meca para o sertanejo, todos os anos milhares de cidadãos vão de todas as formas para esse lugar, quem é rico anda em burrico, quem é pobre anda a pé, era uma profissão de fé sem dúvidas, muitas pessoas morreram tentando fazer esse trajeto deveras perigoso, ataque de onça era comum, mas a emoção de ver o

Padrinho era incomparável, o mito Padre Cícero rompera todos os limites da lógica...

O padre político

O padre Cícero se tornou vice governador do Ceará sem sair de Juazeiro, apenas sua influência contribuiu para que o governador que nem eu sei o nome fosse eleito, era um homem que tinha um poder enorme em suas mãos, e isso incomodou muita gente...

O padre milagreiro

De todos os seus feitos, a lenda da hóstia que se transformou em sangue na boca da freira foi a maior de todas, os mitos envolvendo o santo padre são muitos, nenhum deles considerados milagres pela sua igreja, por insuficiência de provas, tudo era contado no popular "Boca a boca", e quem conta um conto, aumenta um ponto, a literatura de cordel o enaltecia, e a popularidade do Padre Cícero só aumentava, mesmo com sua excomunhão, que significa a expulsão da igreja católica, o Padre Cícero se fortaleceu, e se tornou uma das grandes figuras do século XX...

Frei Damião nordestino...

O Frade mais popular do Brasil.

Frei Damião, vagou a vida toda pelo nordeste, suas missões eram populares, e milagres eram atribuídos à sua pessoa, muitos falavam o Padre Cícero não havia morrido, ele apenas teria se tornado o próprio Frei Damião, o nordeste flagelado pela seca e pela falta de esperança, via em ícones como o Padre Cícero uma esperança, seu trabalho social foi incomparável, ensinou, batizou, catequisou, celebrou casamentos, e foi padrinho de milhares de sertanejos que perderam tudo, menos sua fé no padrinho, o sincretismo religioso foi muito forte no nordeste, de ponta a ponta, a mistura do profano com o sagrado, a mistura do mundano com o religioso foi fundamental para ter nessa região um catolicismo fervoroso, a igreja precisou se adequar a isso, e a fazer vista grossa para muitas manifestações de fé que, digamos, não estarem escritas na bíblia, esses ícones foram os maiores agentes de popularização da fé católica, e até hoje são venerados por milhares de sertanejos, Viva o Padre Cícero! Viva Frei Damião!

Não acredite no que dizem, o Nordeste é lindo sim senhor!

 As praias, a cultura, o clima, a hospitalidade, nada no mundo se compara ao sorriso, á alegria, á música á poesia, o nordestino é sofredor, reconhece a sua dor, mas sempre há um sorriso, um alento ao homem ferido, por mais que os livros neguem, por mais que os hitoriadores fechem os olhos, nós sempre estaremos lá, nas festas, nas missas, nos cultos, o misticismo de cada região, o sincretismo que chama união, te convido a conhecer do meu sertão, sertão de veredas, sertão de amores, sertão pernambucano, sertão de amores...

Então eu disse: Adeus rosinha, guarda contigo meu coração...

Xote, maracatu e Baião, tudo isso tem seu menino no meu sertão, Luiz Gonzaga, como falar do Nordeste e não falar desse importante personagem, "O rei do Baião" retratou em suas músicas a realidade do nordeste, retratou em suas músicas o cotidiano desse povo sofrido porém lutador, Luiz Gonzaga foi um marco da cultura sertaneja, porque ele foi vestido de vaqueiro, e como um vaqueiro foi guerreiro, sua voz foi ouvida no mundo inteiro, parcerias corretas o fizeram compor os hinos do Nordeste, A volta da Asa Branca, e tantas outras canções miticas, ele era um instrumentista sem igual, uniu o forró e o tango, e criou o Baião! Música sensual, com uma conotação crítica tão sensível que passava despercebida por ouvidos despreparados, a morte do vaqueiro, e por aí vai, seu filho, Luiz Gonzaga do Nascimento Júnior, foi um grande músico da MPB, com grandes diferenças, os dois passaram grande parte da vida separados, mas um final feliz os aguardava, o no fim da vida, pai e filho comporam a mais bela e inusitada dupla da história da música brasileira, emocionando milhares de pessoas, lotando shows, Gonzagão e Gonzaguinha, o amor de pai e filho expresso da forma mais linda!

11.   Quem quer dinheiro?

A base de uma economia capitalista é sua moeda, um país forte, tem uma moeda forte, e ter uma moeda forte sempre foi um desafio para a política brasileira, com uma máquina estatal cada vez maior, era difícil fechar as contas, e os impostos eram inevitáveis e cada vez maiores, a inflação, a grande e triste realidade, o Brasil passou anos mudando de moeda até conseguir uma estabilidade financeira.

Do réis ao real

Primeira unidade monetária foi herança da colonização; a última surgiu em 1994

Século 19

Moeda: Réis

Símbolo: Rs e $

Essa moeda já circulava no Brasil desde a época da colonização. Quando veio a independência, em 1822, o réis foi mantido como nossa unidade monetária

Anos 40

Moeda: Cruzeiro

Símbolo: Cr$

Entrou em vigor no dia 1º de novembro de 1942; mil réis passaram a valer 1 cruzeiro (Rs 1$000 = Cr$ 1). Em 1964, uma pequena mudança: o cruzeiro perdeu os centavos

Anos 60

Moeda: Cruzeiro novo

Símbolo: NCr$

Fez sua estreia no dia 13 de fevereiro de 1967; na ocasião, mil cruzeiros passaram a valer 1 cruzeiro novo (Cr$ 1 000 = NCr$ 1)

Anos 70

Moeda: Cruzeiro

Símbolo: Cr$

Em 15 de maio de 1970, sai o "novo" do nome da moeda, que voltou a ser só cruzeiro; não houve corte de zeros; 1 cruzeiro novo passou a valer 1 cruzeiro (NCr$ 1 = Cr$ 1)

Anos 80

Moeda: Cruzado

Símbolo: Cz$

Um pacote econômico divulgado pelo governo lançou o cruzado em 28 de fevereiro de 1986; mil cruzeiros passaram a valer 1 cruzado (Cr$ 1 000 = Cz$ 1)

Anos 80

Moeda: Cruzado novo

Símbolo: NCz$

Após menos de três anos, novo corte de zeros com o surgimento do cruzado novo em 16 de janeiro de 1989;

mil cruzados passaram a valer 1 cruzado novo (Cz$ 1 000 = NCz$ 1)

Anos 90

Moeda: Cruzeiro

Símbolo: Cr$

O velho cruzeiro é ressuscitado em 16 de março de 1990, mas dessa vez a mudança não implica corte de zeros; 1 cruzado novo passou a valer 1 cruzeiro (NCz$ 1 = Cr$ 1)

Anos 90

Moeda: Cruzeiro real

Símbolo: CR$

Em outra troca recorde, é criado o cruzeiro real em 1º de agosto de 1993; com a nova mudança, mil cruzeiros passaram a valer 1 cruzeiro real (Cr$ 1 000 = CR$ 1)

Anos 90

Moeda: Real

Símbolo: R$

A atual moeda, o real, surge em 1º de julho de 1994; 2 750 cruzeiros reais equivaliam a uma Unidade Real de Valor (URV), que valia 1 real (CR$ 2 750 = URV 1 = R$1)

12.   Militares no poder, abaixo o comunismo!

"O Brasil ficou liberal demais, temos que agir de forma agressiva agora, para que a nossa nação não caia em desgraça" ...

Pra variar, a república estava em crise econômica, ideológica, e política, estávamos na eminência de termos um presidente comunista declarado, mas os militares tomaram o comando dessa nação bagunçada, uma pátria cristã, nunca deveria se misturar com as crenças comunistas, era contraditório, e os militares assim se tornaram presidentes, os prefeitos, deputados, senadores e governadores ainda eram eleitos por voto popular, menos o presidente, que era, a partir dali, eleitos por votação indireta, essa revolução, ou esse golpe; (Dependendo do seu ponto de vista), só foi possível pelo apoio popular e de grandes países como os Estados Unidos, a intervenção militar no Brasil durou mais tempo que fora planejado, porém, com ajuda financeira do exterior, o Brasil conseguiu uma grande evolução de infraestrutura, pontes, faculdades, cidades inteiras foram construídas, era o MILAGRE ECONOMICO!

Sociedade Brasileira De Defesa Da Tradição, Família e Propriedade (TFP)

Associação civil de âmbito nacional fundada em 1960 por Plínio Correia de Oliveira, com o apoio dos bispos dom Antônio de Castro Mayer, de Campos (RJ), e dom Geraldo Proença Sigaud, de Diamantina (MG). A organização tem por objetivos "combater a vaga do socialismo e do comunismo e ressaltar, a partir da filosofia de são Tomás de Aquino e das encíclicas, os valores positivos da ordem natural, particularmente a tradição, a família e a propriedade".

O país do futebol!

Porque o povo precisa de pão e circo, e que circo melhor que o futebol, o melhor futebol do mundo é o do Brasil, o maior jogador de todos os tempos, o Rei do Futebol é brasileiro, Edson Arantes do Nascimento, ou simplesmente Pelé, na campanha do tri – campeonato mundial, os canarinhos ajudaram a melhorar a imagem do Brasil no mundo e os militares usaram e abusaram da imagem do time de futebol para sobreviver...

O presidente escala os ministros, e eu escalo a seleção...

João Saldanha, o homem de coragem, que negou um pedido presidencial pela escalação de um jogador dessa forma, no outro dia fora demitido da Seleção que foi campeã mundial no México e se tornado a melhor seleção de todos os tempos, uma seleção que caiu no colo de Zagallo, que não tinha nada a ver com isso e foi campeão com um time estrelado!

Ame – o ou deixe – o

Nem todo mundo estava satisfeito com o governo militar, queria se candidatar também para presidente, porque o defeito da democracia é esse, o único partido que sabe governar é aquele que não está no poder, o governo militar perseguiu as pessoas que faziam oposição ao mesmo, mandou muitos ao exílio, alguns foram por conta própria, enquanto o governo reprimia nas ruas, nas faculdades e escolas cresciam o movimento de "Diretas já", alguns intelectuais, artistas, e a grande mídia, exigia que o pleito para presidente se torne popular novamente, as diretas já foi ganhando cada vez mais adeptos, até que, o governo reabriu as portas da democracia, fazendo finalmente que o povo, votasse, e fosse votado para presidente!

O petróleo é nosso!

O Brasil precisava de dinheiro, e a solução foi, vamos estatizar TUDO! Foi criada a Petrobras, Eletrobras, os minérios, e praticamente todos os recursos naturais tiveram sua exploração exclusiva do estado, tudo que você imaginar Bras tinha, os empresários receberam uma pequena indenização por ter feito grande parte do trabalho, e o estado brasileiro se tornou gigantesco, do tamanho da ambição de seus mandatários...

Getúlio Vargas (1930- 1945)

Getúlio Vargas foi o único, entre todos os presidentes do Brasil, que governou por mais tempo, permanecendo na presidência durante 15 anos. Ele chegou ao cargo através de um golpe. O movimento ficou conhecido como a Revolução de 1930 e foi organizado por partidos insatisfeitos com a maneira como as eleições vinham sendo conduzidas no país.

Getúlio Vargas foi um dos presidentes mais populares do Brasil

José Linhares (1945-1946)

José Linhares assumiu o poder após o período conhecido como a "Era de Vargas", momento em que Getúlio Vargas comandava a presidência do país. Após esse período, o Brasil enfrentava uma grande divisão de poderes e se esforçava para estabelecer a economia. No seu governo, Linhares lutou para implantar um nova Constituição no país e reduzir os efeitos da inflação.

Eurico Gaspar Dutra (1946-1951)

Eurico Dutra elaborou a criação da Constituição de 1946 e nela foram previstos acontecimentos importantes, como: a igualdade de todos os cidadãos perante a lei, liberdade de associação com fins permitidos pelas leis e a liberdade de manifestação do pensamento.

Getúlio Vargas (1951-1954)

Após comandar a presidência do país por 15 anos, Getúlio Vargas voltou ao poder e governou por mais quatro anos. Em sua nova gestão, criou a Petrobrás e ampliou os direitos dos trabalhadores. No entanto, a carreira de Vargas teve um fim trágico, quando ele cometeu suicídio prestes a renunciar ao cargo.

João Fernandes Café Filho (1954 – 1955)

Café Filho era vice-presidente de Getúlio Vargas e assumiu o poder para dar continuidade à gestão de Vargas. Em um ano de mandato ele montou um governo conciliador com a participação de militares no poder, adotando uma política de caráter liberal. Confira abaixo um breve resumo de todos os presidentes do Brasil.

Carlos Luz (1955)

Carlos Luz assumiu o governo do país em substituição a Café filho, que precisou se afastar do cargo por motivos de saúde. Luz permaneceu apenas dois dias no cargo de presidente, pois ele também ficou doente.

Nereu Ramos (1955-1956)

Nereu Ramos assumiu interinamente a presidência do Brasil em substituição a Carlos Luz, que também precisou se afastar do cargo por motivos de saúde. Ele governou por apenas um ano, mas tornou-se ministro da justiça no mandato de Juscelino Kubitschek.

Juscelino Kubitschek (1955 – 1961)

O principal objetivo do governo de Juscelino Kubitschek era tornar o Brasil uma potência subdesenvolvida da época, chegando ao desenvolvimento de cinquenta anos em apenas cinco de governo. O seu famoso "Plano de Metas" consistia em investir nas áreas de maior importância para o desenvolvimento econômico do país. Com isso, o seu mandato foi marcado por grandes avanços na indústria, principalmente no setor automobilístico.

Jânio quadros (1961)

Jânio Quadros cobriu o fim do mandato de Juscelino Kubitschek, permanecendo por sete meses no poder. Com o objetivo de reestruturar a economia fragilizada, Quadros congelou salários, desvalorizou a moeda nacional e restringiu o acesso aos fundos de crédito.

Ranieri Mazzilli (1961 e 1964)

Ranieri Mazzili foi um dos presidentes do Brasil que governou interinamente entre a renúncia de Jânio Quadros e a volta do vice-presidente João Goulart, que se encontrava em uma missão na China. Ele governou o país em dois momentos: o primeiro, em 1961, e o segundo, em 1964. Em ambos, atuou pelo período de 13 dias, por isso teve pouca influência política.

João Goulart (1961 – 1964)

João Goulart diminuiu a participação de empresas estrangeiras em setores importantes e defendia a realização de uma série de reformas com o objetivo de promover a distribuição de renda, a exemplo da reforma tributária.

Castello Branco (1964-1967)

Castello Branco foi um dos presidentes que assumiu o poder durante a Ditadura Militar no Brasil. Em sua gestão foi implantada toda a estrutura de repressão que deu origem ao período conhecido como "anos de chumbo".

Costa e Silva (1967 -1969)

Costa e Silva implantou uma reforma administrativa em seu governo, priorizando uma política voltada para o combate da inflação e a expansão do comércio exterior. A sua gestão, foi marcada pela instituição de um cruel Ato Institucional (AI-5). Entre as medidas repressivas desse ato estava a pena de morte para crimes políticos.

Junta Governativa Provisória (1969)

Os ministros militares da marinha (Augusto Rademaker), da aeronáutica (Aurélio de Lyra Tavares), e do exército (Márcio de Souza e Mello), apesar de terem governado o país provisoriamente, integram a lista de presidentes do Brasil. Eles assumiram o poder após o afastamento de Costa e Silva.

Emílio Garrastazu Médici (1969 -1974)

Durante o governo de Emílio Médici o país alcançou a instabilidade política. A indústria e o setor de exportação agrícola aumentavam de forma significativa. Isso gerou milhões de novos empregos, de modo que alguns setores industriais disputavam entre si a contratação de novos trabalhadores.

Ernesto Geisel (1974-1979)

O mandato de Ernesto Geisel enfrentou um avanço significativo na inflação. Com isso, ele sugeriu a implantação de um Plano Nacional de Desenvolvimento, que não obteve muito sucesso, já que a crise do petróleo estava instalada no país. Geisel conseguiu ainda revogar a "AI-5" instituída no governo anterior.

João Baptista Figueiredo (1979-1985)

O governo de João Baptista Figueiredo foi o último do regime militar. Durante sua atuação, ele promulgou a lei da anistia e instituiu o Banco Nacional de Desenvolvimento Econômico e Social (BNDES), com o objetivo de disponibilizar créditos às empresas brasileiras para financiar obras públicas.

13.   O Brasil quer votar pra presidente!

A república não tem defeitos, o defeito é a república, nunca escondi que sou adepto ao monarquismo e anseio a volta do império, só há uma forma de o Brasil voltar a ter respeitabilidade, porém, o povo quer votar para presidente, chegamos então a mais uma parte dessa história cheia de fatos fatídicos, encontros e desencontros, e muita crise, instabilidade e corrupção, somos assaltados, e brigamos em prol dos assaltantes, mas nunca na história desse país, a corrupção foi tão organizada e institucionalizada como nessa retomada democrática, a imprensa era livre para promover quem pagasse mais, o marketing e as frases de efeito voltaram à moda, o caça marajás, o presidente do povo, e por aí vai, em país que a TV fala mais alto que os livros, o cérebro fecha as portas e forma gerações de alienados...

São 300 picaretas com anel de doutor...

O movimento sindical era muito forte, com muitos
adeptos, todos eles de esquerda, eles eram do contra,
votaram contra a constituição, que até hoje é considerada
uma das melhores do mundo, eles eram contra tudo,
queriam redução de carga horária de trabalho, sem
redução salarial, queriam muitos direitos e nenhuma
responsabilidade, no Brasil já havia mais sindicatos que
na maioria dos países organizados, parasitas, que
cresceram em cima da humildade dos mais pobres, e
chegaram ao poder para satisfazer seus anseios pessoais,
e não resolver a pobreza...

José Sarney (1985-1990)

A candidatura de José Sarney marca o início de uma
Nova República. Em sua gestão foi criada uma nova
Constituição, prevendo o fim da atuação das forças
armadas, a independência dos três poderes (executivo,
legislativo e judiciário) e as eleições diretas para
presidente. Com a inflação em alta, o governo de Sarney
foi marcado pela elevação dos produtos nos
supermercados.

Finalmente eleições, o futuro do Brasil só depende de você!

O primeiro pleito eleitoral tiveram vários personagens, e
foi um pleito muito tenso de debates acalorados,
agressões verbais na TV e no rádio, e agressões nas ruas
nos comícios, onde vimos um cenário totalmente
animalesco, a razão não existe, apenas emoção
descontroladas, as pessoas estavam se matando nas ruas,
o descontrole era generalizado, dois candidatos passaram

para o segundo turno, Collor e Lula, Lula, o ex –
metalúrgico, dono de uma oratória agressiva, e defensor
de práticas que colocariam qualquer país num abismo
sem fim, parar de pagar a dívida externa, transformar o
Brasil em país comunista, radical ao extremo, os
sindicatos o colocaram no segundo turno, mas ali o medo
de colocar o país em um abismo sem fim fez com que seu
adversário, Fernando Collor de Melo tenha uma vitória
garantida...

Ganhou o presidente bonitão!

O presidente bonitão, o caçador de marajás, o homem que
vai resolver os problemas do Brasil subiu a rampa do
planalto, e como subiu a rampa do planalto, todo fim de
semana ele subia aquele pedaço de concreto, com
artistas, esportistas, celebridades e autoridades
internacionais, ele era o típico político que todos
gostavam, boa pinta, bonachão, e exibido, estava em
todas as capas de revistas, mas sua administração fora
estapafúrdia, a aposentadoria do campo, ele trouxe, e
muitos outros benefícios, mas, antes de sofre o
impeachment, ele renunciou e deu a vaga ao então vice,
Itamar Franco!

Bom de economia e com samba no pé!

Itamar Franco, o vice do Fernando Collor tinha uma
missão muito delicada, acalmar os ânimos nessa recém
república, e dar estabilidade á democracia que estava
engatinhando, agradar á gregos e troianos nessa terra de
conflitos não fora uma tarefa nada fácil, aos poucos foi
fazendo e acontecendo, na economia, chamou para
ministro da fazenda outro Fernando, o Fernando
Henrique Cardoso, que implantou o "Plano Real", pra
variar o PT era contra, eles foram contra tudo, apenas

estavam ali para berrar e apontar o dedo no nariz dos outros, então, o plano entrou em ação, um plano ousado, mas um plano certeiro, uma nova moeda, estabilidade financeira, um Brasil de oportunidades estava surgindo, mas a batalha era imensa, e antes da calmaria vem sempre a tormenta...

Levante a mão!

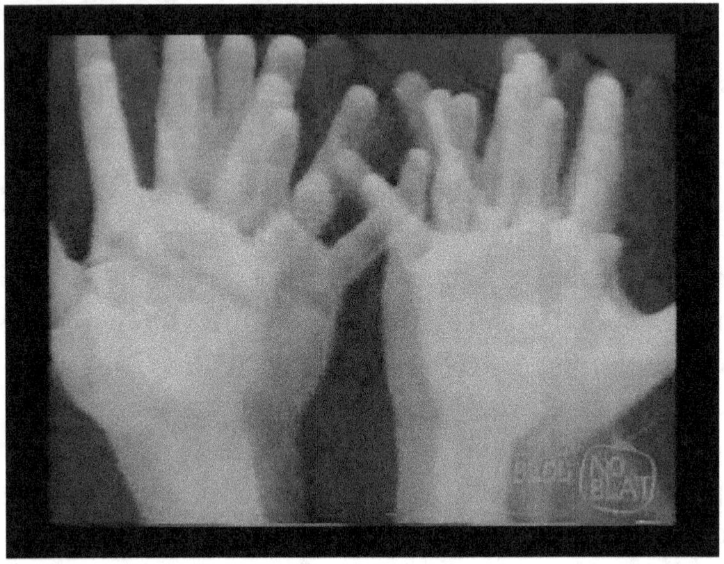

Então o ministro se candidatou à presidência da república, e mais uma vez tinha como maior adversário o Lula, como tinha a confiança de um presidente que saiu, apesar de não eleito, muito popular, Itamar Franco lançou um político polido, intelectual, aparentemente liberal á presidência, e ele venceu com facilidade, ninguém queria a austeridade do PT, além dos sindicalistas e artistas globais, e foi para manter a estabilidade econômica que o FHC foi eleito presidente, para desespero do PT...

O plano real deu poder de compra

O real custando um dólar foi o ápice da economia, o poder de compra era muito bom, e o brasileiro voltou a sonhar com um futuro melhor, mas nem tudo são flores, e as crises mundiais afetaram o Brasil que tinha até então uma balança comercial superavitária, mas a oposição, junto da mídia de massa, sempre fazia de tudo para desestabilizar o governo...

O erro crasso da reeleição...

Como não planejaram um sucessor no próprio partido, o PSDB pôs em prática um plano terrível, a emenda da reeleição, até então o presidente só poderia exercer um mandato, o que na realidade seria mais sensato, mas depois de muitas negociações de cunho no mínimo duvidoso, a emenda fora aprovada e o então presidente pode fazer campanha para reeleger de novo!

Bolsa escola, vale gás, e outras "redistribuições de renda"

FHC foi o percussor dos programas sociais, inclusive o SUS, o rompimento de patentes de remédios, e a fabricação dos genéricos, enquanto seu filho estiver na escola, os pais receberiam uma ajuda de custo para que seu filho permaneça na escola, o plano era acabar com a evasão escolar que era alarmante, e provocava muitos problemas de cunho social, criticado pela oposição, e chamado de populista FHC não podia espirrar que já vinha um opositor com a faixa "Fora FHC"...

As privatizações

As privatizações, que foram mais concessões, fora muito criticada por todos, a ordem era diminuir o estado, mas a oposição não queria isso, sem um estado inchado, como eles iriam ganhar dinheiro, então o movimento anti – privatizações se ergueu, e como lobos selvagens foram á TV e o rádio, falar a população carente de informação que o presidente queria entregar o país nas mãos dos americanos, que ia vender o país, todas essas falácias que tantos sabemos, enfim, todo mundo podia ter um telefone fixo, todo mundo podia ter antena parabólica, era o início da democratização da informação, isso incomodava quem não queria transparência, quem não queria democracia, logo veio a comunicação móvel, e o país estava falando ao celular, o Brasil estava caminhando a passos largos em direção de um futuro melhor...

A crise do governo

O mundo passou por grandes crises, era impossível o Brasil não sofrer com isso, com impostos altos para manter uma máquina pública inchada, cargos comissionados, e um montante de mamadores da teta estatal descomunal, o Brasil foi enfraquecendo financeiramente, mas não declinou porque tinha bases sólidas, isso importava para a imprensa? Claro que não, nesse tabuleiro sujo, o FHC tinha que cair, e a oposição cresceu de forma descomunal, finalmente era a vez da esquerda entrar numa brecha que o presidente que fora vendido como de direita, mas na verdade era socialista Fabiano deixou aberta, entrar.

A esperança venceu o ódio!

Depois de tudo estar pronto, parece que dessa vez não teve jeito, com uma campanha perfeita, toda elaborada por marketeiros, o Lula mudou toda a sua oratória, de um homem revoltado, descabelado, revolucionário, eram mais um "empaletozado", de fala mansa, roupas impecáveis, o Messias chegou, e o nordeste finalmente vai ter a sua vez, afinal de contas, era um nordestino, um nordestino que subiu a rampa do planalto com forte apoio popular, um nordestino que bateu na corrupção com veemência toda a sua vida, um fio de esperança em meio á uma crise que era programada, pois o país adivinha de uma inflação galopante, e estava estável, e foi assim que começou a governar o popular!

Agora é bolsa família!

Todos os programas sociais de seu antecessor, foram transformados em apenas um programa de "redistribuição de renda", agora é bolsa família, o programa que até então era atacado por eles, foi seu carro chefe, e o povo estava em transe hipnótico, e como não ficar? Ganhar o peixe durante anos te faz ter preguiça de pescar...

Obras e mais obras!

Parece que o Brasil está no caminho certo mesmo, queimei a minha língua, estradas, Odebrecht, OAS, e tantas empreiteiras á todo vapor, obras e mais obras, faculdades, escolas, programas esportivos sociais, e fortalecimento do bolsa família, ampliação da distribuição de grana, o pobre estava tendo lampejos de grandeza, olha lá, estava andando de avião, era construído aeroportos nos mais remotos confins do Brasil, as BRs reformadas, os caminhões podiam levar as cargas por fretes mais baratos, pois não quebrava mais, o Brasil estava colhendo o que plantou no plano real, mas quem ligava para esse pequeno detalhe, é Lula lá!

Deixa o homem trabalhar!

Infelizmente, ouve reeleição, mas o plano era de perpetuar no poder, e começaram a abraçar aliados para isso, aliados caros, o plano real estava começando a fraquejar, a estrela começou a ruir, mas ele ainda tinha fortes aliados, e mesmo com fortes indícios de corrupção fez seu segundo mandato sem as glórias do primeiro mas com a popularidade intacta...

A primeira presidente mulher!

O ápice da falta de bom senso, mas, para o bem ou para o mal, Dilma era a nossa "presidenta", ela chegou 100% por causa da popularidade de seu antecessor, uma mulher que não conseguiu administrar uma lojinha de

R\$ 1,99 agora estava administrando uma país de proporções continentais, o que podia dar errado?

Bolsa família para o povo!

As mesmas práticas populistas foram o alicerce desse governo despreparado, afinal de contas, não era Dilma que estava governando, era Lula! E foi assim que começou o declínio do PT, eles tinham um plano de perpetuar no poder, era ela, depois ele, depois ela, era o plano perfeito, não tinha como dar errado...

Uma ditadura democrática, porque ninguém pensou nisso antes?

O plano era simples, se perpetuar no poder durante 30 anos, a mãe do PAC, programa de aceleração do crescimento, foi um programa cheio de obras estruturais que fariam o Brasil crescer, o problema do PAC foi que, nenhuma obra foi concretizada, e ao invés de terminar as obras outro PAC era anunciado pela presidenta... Transformando assim o país num canteiro de obras inacabadas....

Mas que zorra você tem na cabeça pra reeleger essa mulher?

Colocar no coletivo o medo de perder suas conquistas fora a carta na manga do PT para reeleger a Dilma, todos temiam perder o bolsa família, era um programa de "Redistribuição de renda" que garantia muitos votos, dar Cem reais por mês ao contribuinte por mês o fez ser um grande consumidor, o país não tinha mais pobres o Brasil era uma verdadeira ilha da fantasia, mesmo assim ela voltou, com uma das cargas tributárias mais pesadas do mundo, com um país gastando mais do que arrecadava, o Brasil da Dilma estava indo para um abismo sem fim...

14.   Pedalada!

Os Correios estavam em déficit, a Petrobrás falida, o Brasil numa crise profunda, uma presidente desorientada, um congresso corrupto, isso era o retrato do Brasil de Dilma, então, trazendo verba de um setor para outro, ela enfim fora pega cometendo um crime de responsabilidade! E sofrera o impeachment mais cômico da história dessa republiqueta chamada Brasil...

"Um ser oculto atrás, que é o cachorro"

A sua oratória não só muito confusa, como era desconexa, sem dizer coisa com coisa, ela saudou a mandioca, inventou a mulher sapiens, e parabenizou o cachorro pelo dia das crianças, realmente uma mancha na democracia brasileira, uma representante que mais parecia que havia saído da pré – escola, alguém que envergonhava profundamente quem tinha senso de ridículo...

Não vai ter golpe!

O processo de impeachment foi dado a largada, e os denunciados tiveram todo o direito de defesa, defesa ruim, não conseguiram justificar nada, e ainda atacaram a justiça, era um circo, um circo que culminou na saída pela porta dos fundos de uma era, a era PT...

Temer ou não Temer, eis a questão!

O vice assumiu, o golpista, o traidor, com todos esses adjetivos veio o presidente Temer, com a missão de integrar os poderes, ele era um político astuto, e fez com caminhassem pautas "bomba", a reforma trabalhista foi uma delas, que diminuiu drasticamente o poder dos sindicatos, acabando com o imposto sindical, o fazendo não ser obrigatório, encaminhando a reforma da presidência e tomando decisões impopulares mas necessárias, o vampirão da massa teve uma presidência conturbada, ele desagradou a esquerda e a direita, mas ele fez o que era necessário, e através dele, a passagem do poder para o novo presidente foi muito menos complicada...

O Lula tá preso!

Finalmente preso, pelo processo do triplex, sob acusação de lavagem de dinheiro e outros crimes, o então intocável Lula foi preso, mas não foi muito fácil chegar a isso, o então juiz **Sérgio Moro** fez um plano de ação com uma força tarefa de investigadores pra isso, a operação **Lava Jato,** destruiu todo o complexo sistema de corrupção do partido dos trabalhadores, levando á prisão de seus líderes e por fim, de seu líder maior, isso enfraqueceu o partido, ainda tem pessoas que apoiam, mas não mais como antes, a operação lava jato, mostrou para o mundo o maior esquema de corrução da história da humanidade, e isso teve consequências, e a prisão do maior chefe do partido foi o clímax dessa operação...

Os panelaços deram certo...

Durante os discursos presidenciais, se ouvia o som das panelas, panelas de quem não estava nada satisfeito com a politica nacional, as panelas de quem não queria mais esse cenário exótico, essa propinocracia que virou o Brasil, foram as ruas, assim como foram os caras pintadas, foram vestidos com as cores do Brasil, uma nova perspectiva, um novo horizonte, uma nova liberdade era clamada por multidões...

É melhor Jair se acostumando!

A fragilidade política, unida com a incompetência presidencial criou uma oposição inteligente, que sabia chegar ao povo por meios alternativos, em menos de quatro anos, um parlamentar que era um desconhecido se tornou o maior adversário do PT, um radical, um homem cheio de energia e determinação, que falava o que vinha á cabeça, e isso atraia críticas, mas de bofetada em bofetada, Jair, o Messias Bolsonaro chegou para uma disputa eleitoral onde a imprensa apontava ele como azarão, as pesquisas revelavam que ele perderia para todos, mas mesmo assim, com a ajuda das redes sociais, ele foi para uma campanha que dividiu o país, as eleições foram acaloradas, e os debates aquecidos, em ponto de ebulição!

Dois partidos, PT e anti PT

As eleições, mais uma vez fora polarizada, eram dois partidos, o PT contra todos que não queriam o PT no poder, então, depois de uma vitória no primeiro turno, Jair Messias Bolsonaro obteve mais uma expressiva vitória no segundo turno e se tornara presidente da república federativa do Brasil...

Popular, mas não populista...

Toma posse o excelentíssimo presidente Jair Messias Bolsonaro, para a alegria de muitos e a tristeza de outros muitos, o presidente que está no poder tem a missão de livrar a república do julgo da corrupção, e desde o primeiro dia vem trabalhando para tal...

Muitas obras, poucas propagandas

O governo mexeu num vespeiro que ninguém mais queria mexer, o norte do país, construindo estradas, está trazendo dignidade ao extremo norte do país...

13º do Bolsa Família

O programa foi enxuto, e agora as pessoas que realmente precisam puderam receber até mesmo um décimo terceiro salário, a "redistribuição de renda" está garantida!

Fala muito!

Polêmico sim, extravagante? Muito, mas esse foi sempre seu perfil, contra a mídia tradicionalista que fez de tudo para que ele não fosse eleito, ele vem fazendo um governo democrático, com liberdade de imprensa e liberdade de expressão, a ditadura não chegou, mas o ideal de redução do estado sim!

Cortes de cargos comissionados

O que mais emperrava a máquina administrativa eram os cargos comissionados, empregos para pessoas não concursadas que faziam um processo de regresso, e inchaço da máquina pública, todos foram cortados, e a economia foi abissal.

Uma guerra Global

Bolsonaro trava diariamente uma batalha contra a mídia dita tradicional, assim como em sua campanha, usa as redes sociais para falar com o povo, seus eleitores, e todos que assim desejar, enquanto a mídia joga o governo em um eterno campo minado de crises, ele faz acordo com a China e Estados Unidos, e de quebra com a União Europeia...

O que será que será...

As cartas estão na mesa, o jogo está acontecendo, o que vai ser do futuro? Se todo dia vamos ouvir um "Fora Bolsonaro", assim como ouvimos "Fora Collor", "Fora

FHC", e fora qualquer um que não for o PT? Vamos sim, o Brasil tem uma perspectiva otimista, algo raro desde o golpe republicano, aprendemos com o passado, vivemos o presente, e o futuro não existe...

A democracia tardou, mas chegou!

O saldo de todo esse pleito é que a população finalmente está aprendendo como funciona a política, estamos mais críticos, cobrando, e não mais morrendo de amores por político A ou B, apesar de ainda existir alguns energúmenos, que relincham por aí amores irracionais por caras que o roubaram e deram migalhas, o Brasil democrata só tem a melhorar, pois os eleitores do futuro não são tão apaixonados como os eleitores do passado, eles são conectados, tem várias fontes de informação, reclama, faz protesto, e não abre mão de soltar a sua voz, a tecnologia nos ajudou e muito, ler liberta, investigar liberta, e a liberdade é coisa muito séria, não se pode fechar os olhos, não se pode olhar pra trás, sem se aprender alguma coisa pro futuro...

Última grade presidencial:

Fernando Collor de Melo (1990-1992)

Fernando Collor iniciou o seu mandato com vestígios da alta inflação advindos do governo anterior. Com intuito de combater tal situação, ele apresentou o "Plano Collor". Entre as propostas, o plano previa o corte de despesas públicas, o congelamento de preços e o aumento das taxas de juros. No entanto, o mandato do presidente terminou em 1992, quando sofreu um impeachment, acusado por desviar dinheiro público.

Itamar Franco (1992-1995)

O governo de Itamar Franco foi marcado pela criação do Plano Real. O objetivo era garantir o aumento do poder de compra dos brasileiros e o controle da inflação. A população gostou da iniciativa e com isso Itamar Franco ajudou na candidatura de Fernando Henrique Cardoso, antes Ministro da Fazenda do seu governo.

Fernando Henrique Cardoso (1995- 2003)

O governo de Fernando Henrique Cardoso teve destaque para as privatizações de empresas estatais. Ele pretendia manter a mínima participação do Estado na economia, a economia estabilizou, e com as comodities, o Brasil teve lucro, coisas que em anos não tinha, então seu sucessor teve tranquilidade para continuar a conduzir tudo que o antecessor começou...

Luís Inácio Lula da Silva (2003-2011)

Lula foi considerado uma figura popular entre os presidentes do Brasil. Eleito em 2003, a sua forma de governar ganhou a simpatia do público brasileiro, pois o presidente incluiu em seu mandato ações voltadas à inclusão social. Com isso, Lula conseguiu dar acesso ao crédito e aumentou os investimentos na economia. Ele foi reeleito e continuou na presidência do país até 2011.

Dilma Rousseff (2011-2016)

Dilma Rousseff deu continuidade aos programas de governo do seu antecessor, Lula. Sendo a primeira presidente mulher do país, enquanto esteve no poder, Dilma sancionou algumas leis, entre elas, a Lei de Acesso à Informação. Essa lei obriga órgãos públicos a prestarem informações sobre suas atividades e disponibilizá-las para o público. No entanto, Dilma

Rousseff não deu continuidade ao seu mandando. Sendo acusada por crime de responsabilidade, e outros atos de corrupção, ela sofreu o impeachment em agosto de 2016.

Michel Elias Temer (2016 – 2018)

Michel Temer foi vice-presidente de Dilma Rousseff e assumiu o poder após a cassação do mandato da presidenta, em 2016. Entre as suas propostas de governo, destacaram-se as mais polêmicas: Reforma da Previdência e a Reforma Trabalhista. O presidente manteve-se no poder até dezembro de 2018, quando passou o cargo para o presidente eleito Jair Messias Bolsonaro.

Jair Messias Bolsonaro (2019)

Antes de ser eleito para a presidência, Jair Messias Bolsonaro foi deputado federal por 7 vezes, no período de 1991 a 2018. O candidato do Partido Social Liberal (PSL) venceu a última eleição para presidente, com uma votação esmagadora em outubro de 2018, contra o candidato do Partido dos Trabalhadores (PT), Fernando Haddad. Ele assumiu o poder junto ao seu vice-presidente general Hamilton Mourão, em janeiro de 2019.

... "E nossa história, não estará pelo avesso assim, sem final feliz, teremos coisas bonitas pra contar, e até lá, vamos viver, temos muito ainda por fazer, não olhes pra trás, apenas começamos, o mundo começa agora, apenas começamos" ... Renato Russo.

Fim.